SKINCARE MAKE-UP HAIR & BODY CARE SENSE OF BEAUTY

# 読む美容事典

Beauty Encyclopedia

濱田マサル

講談社

# はじめに

この本を手にとってくださったあなたには、もっと綺麗の可能性があります。女性が美しくなる時に必要な事の第一歩。それは意識を持つ事です。

そんな、第一歩を踏み出したいけれども、何から手をつけてよいのかなかなか分からないという、美容初心者のあなたから、ありとあらゆるモノに手を出し、経験しすぎてしまった美容マニアなあなたへ。そう、この本はすべての女性へ向けた〝美容意識本〟です。

世の中にはさまざまな美容テクニックや化粧品がありますが、もっとも大切な事、それはあなたの生活の中にこそあるのです。

何気なく開いた1ページは、その日のあなたへのメッセージ。
そう、この本はそんなふうに使っていただいてもよいと思います。

綺麗は意識から。
さぁ、綺麗が始まります。

濱田マサル

CONTENTS

## 第3章 ヘアケア・ボディケア 155

# 第4章　美意識



※この本に掲載の商品について
2015年7月末日現在のものです。価格はすべて税抜き表記です。商品に関するご質問は、P254〜255に掲載の問い合わせ先までお願いします。

綺麗を少し忘れかけた
すべての女性へ。

| SKINCARE | MAKE-UP | HAIR & BODY CARE | SENSE OF BEAUTY |

# 第1章 スキンケア

1

［スキンケアの基本］

# 日常の自分ケアは5年後、10年後の自分のために……！



未来の自分のために、生活すべてを全方位で底上げする意識を持とう。意識を高めるためには、知識を増やす事が大事。今の時代、知りたい事はネット等で調べればすぐに回答を得られます。いろいろな情報が溢れているけれど、まずは、興味を持った事は調べるというクセをつける。そこから始めましょう。

# 2 今は断然！デカ目より美肌の時代。



15年くらい前はデカ目の時代だったけれど、今は断然、「肌」が注目されています。そもそも女性が美しいと思われたい最大の相手（男性）は、あなたの目より、あなたの肌を見ています。残念ながら、男性はアイメイクにあまり興味ありません。

# 3

ダイエットもスキンケアも
**今日できない事は**
**明日も**
**きっとできない！**
間違いない。
間違いない。
間違いない。



「明日からやろう！」と強く思って覚悟する事って、大抵ハードルが高すぎる。今すぐできるくらい、穏やかで簡単な事から始めてみる。頬杖をつくのをやめてみよう！　深呼吸してみよう！　みたいな。キレイへの第一歩は意外と簡単な事だったりする。

# 4

# 顔の脂は敵？それとも味方？敵にするも味方にするも自分次第。



顔の脂は天然の保湿剤です。脂がないとカサカサになるけれど、ありすぎるとテカテカのおじさん肌っぽく見えてしまう。皮脂を肌の上に放置したままでいると、皮脂が酸化して過酸化脂質となり、肌に悪さをします。けれど、ベストバランスで脂があると美しい透明感のある肌に見える。つまり、「脂は大敵じゃない」。量のバランスによって、味方にもなる。その量は、朝や夜のスキンケアを見直す事で調整できます。脂はあなたにとって敵のようでいて、いちばんの味方でもあるのを忘れないでね！

# 5

# シワは気合の「顔姿勢」で食い止めよう！



顔姿勢とは、「顔にシワや影ができないような表情や角度に整え保つ事」。例えば、おでこや眉間にシワを作る癖のある人はそれを意識してやめてみる。シワができる表情を知る事もとっても大事。辛辣な友達や家族に、表情癖を指摘してもらいましょう！　まずはそこから！

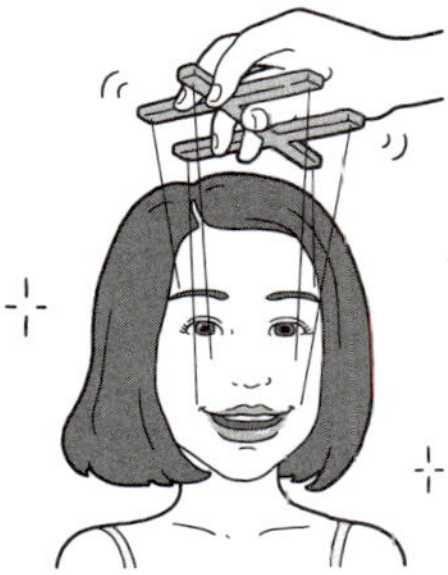

# 6
# 部屋の乾燥は、肌が疲れ、体も疲れ、心も疲れる。加湿は大事！



空気の乾燥によって体内水分が失われると、代謝も下がって疲れやすくなる。まず、いかに体や肌に水分を蓄えるかが大事。

乾燥しやすい空間にぴったりの加湿量1200mL/hの大容量。快適な湿度にコントロールできる、湿度設定機能付き。スチームファン式加湿器 SFH-12 オープン価格／ナカトミ

# 7

## 朝のメイクは前夜のスキンケアから始まっている。

きちんと落として、
きちんと補う。
肌を解放させるイメージが大切。



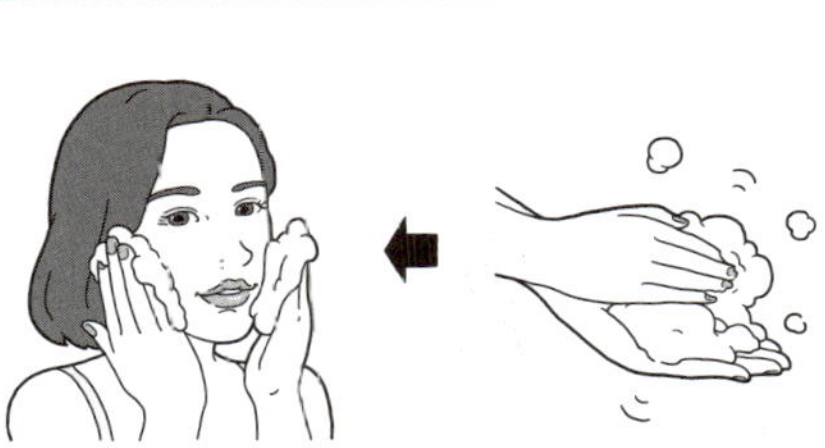

洗顔料を手の平でよく泡立てる。もこもこの泡ができたら、その泡を転がすような感覚で顔を洗う。手の平が肌に触れないよう、肌との間にきちんと泡のクッションをキープしておく事。

# 8

鏡をじーっと近づけて
メイクチェック！
そんな人を見た時
『鏡、近っ！（笑）』と言ってしまう。
メイクというのは
その日、会う人との距離感で
最大限に美しく見える事。
それが、もっとも大切な事。

**「鏡から1センチで綺麗」でも**
**「引いたら厚化粧」なんて、**
**無意味。**



あなたが人に綺麗と思われたい、人に綺麗な印象を与えたい時は、鏡との距離を腕の長さ分はあける事。できれば全身が映る鏡、なければ上半身の映る鏡で360度チェックしてほしい。手鏡やコンパクトの鏡で見るのは、絶対にダメ。第三者の目線は鏡みたいなもの。だから大きい鏡で自分を客観視して、バランスを取る事がとっても大切。特に女性として美しい存在でありたい時は、鏡を見て自意識を高める！　自意識とはそんな些細な事から生まれる時もある。「家の鏡の数＝自意識の高さ」でもある。美しくありたいなら、自分のまわりに鏡をいっぱい置きましょう。ちなみに僕の家には鏡が15枚くらいあります（笑）。

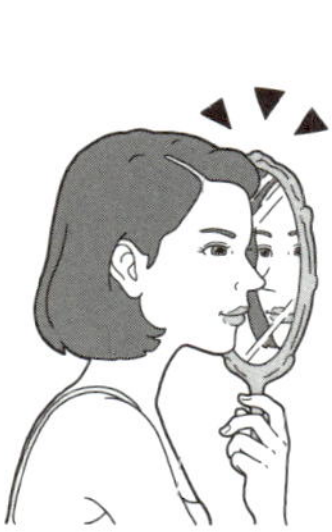

# 9

## ポイントメイクを研究するくらいに
## スキンケアも研究してほしい。
## **大人の肌は、**
## **手間をかけてなんぼ。**



女性は美容研究の比重が「メイク98％で、クレンジング2％」というイメージの人が多い。ですが、それはハーフハーフでなければいけなくて、肌を育てながらメイクを楽しむ、というふうに考えないとダメ。メイクはその日一日限定のもの。一方、肌は時間をかけて育てるもの。長期戦で戦える肌をいかに育てていくかっていう意識を持とう。

# 10

**「透明感のある肌」とは**

くすみや色ムラがなく
水分を感じる肌。
実はとても難しい。



透明感のある肌を手に入れたい時に大切なのは、きちんと保湿するという事。そして色ムラをなくすという事！

C B A

A. 肌に活力をつける自然発酵のアンチエイジング化粧水。ロセック TRPスキンソフナー 150mL ¥9500／su:m37° B. 肌の深部まで素早く浸透。たっぷり与えた潤いを保持できる肌へ導く。マイクロ エッセンス ローション 150mL ¥11500／エスティ ローダー C. ヒアルロン酸の約2倍もの保水力を持つ成分を配合。FTC パーフェクト トリートメント ミスト エッセンス RS/ザ・トワコミスト 120mL ¥7500 ／フェリーチェ トワコ コスメ

# 11

街の床屋に
飛び込んで
顔剃りをしてみる。
産毛を綺麗に剃ると
肌がパアッと明るくなり、
化粧ノリもグンと上がる。



毛穴の黒ずみや肌のくすみは、意外と産毛が原因だったりする。顔の産毛剃りは定期的にやるのがオススメ。産毛を剃るとスキンケアのなじみもよくなるし、見た目の透明感も上がる！（※顔の産毛を剃っても、毛は濃くなったりしません）自分でやると肌を傷つけちゃう事があるから、顔剃り専門店、または床屋へ。カミソリ負けしやすい人は、クリニックで顔の産毛脱毛がオススメ！

**「ウォブクリニック中目黒」**

毛質・肌質に合わせて使用する脱毛器や出力を調整。産毛までしっかり脱毛できる。医療レーザー脱毛（全顔）一回¥32000。部分脱毛も。0120-411-281（初診）https://wove.jp/

# 12

汗は乾くと、
塩分を含むさまざまな
ミネラルや脂が肌に残る。
時にそれが
フェイスラインや背中、
デコルテの肌荒れの原因になる。



汗が肌荒れやニキビの一因になる事があるので要注意。汗をかいたら濡れタオルでちゃんと拭き取る。夏場に肌荒れを起こしやすい人は、メイクを一度落として洗うか、濡れタオルで優しくおさえたりしたほうがいいと思う。お風呂後、だくだく汗をかいたまま寝るのもダメ。

# 13

**顔のお肉は宝物。**

30歳過ぎての過激なダイエットは
顔の宝物がなくなり、
貧相に見える。
老けて見える。
だから
顔のお肉はお大事に。



痩せると綺麗になれると思っている人、それは若い時限定のお話！　年齢とともに逆転して、「ちょっとぽっちゃり＝綺麗」になるので、30代頭くらいからは、意識を変えたほうがいいかもしれません。特に、極端に偏ったダイエットやバランスの悪い食事でのダイエットは美しく痩せないし、すぐにリバウンドするので止めましょう！　顔のお肉がなくなると、顔に余計な影ができてしまいます！　顔のお肉は今日から宝物です。

# 14

若い時は肌の代謝もスムーズだけど、
**年々、肌代謝は遅くなる。**
**肌体力も低下する。**
くすみ、色ムラ、ハリの低下、
ケガや吹き出物の跡が治らない……
これ、肌代謝の低下が原因。
角質ケアはやはり大切！



肌のターンオーバーは年齢とともに少しずつ遅くなります。大切なのは、角質ケアを意識してスキンケアに取り入れるという意識です。健康で美しいキメを育てましょう！

# 15

さまざまな知識。
さまざまな理論。
さまざまな情報。
美容はさまざまな角度から、
伝える事ができる。
だから底なしに奥深く難しい。
**特にスキンケアは、**
**メイクより難解。**



メイクは肌の上にのせるものだから、気分やファッションで変えられるけど、肌は、生活やスキンケアの根底から変えなきゃ変わらない。季節によっても変わるし、ストレスや睡眠時間によっても変えなければいけない。だからいろんな角度から攻めていかないといけない。すごく難しいよね。結局のところ、〈スキンケア＝健康である〉という事だと思います。

医学博士の監修により、皮膚のメカニズムなど、皮膚にまつわる基本的な知識をわかりやすく解説。肌トラブルの傾向と対策も分かり、化粧品選びや正しいスキンケアにお役立ち。「美容の医学 美容皮膚科学事典」¥2952／中央書院

# 16

スキンケアをいろいろと試して分かった事。
スキンケアの基本とは、
食生活を含む生活習慣全体のケアがいちばん大切だという事。
バランスが悪く不規則な食生活や
過度のストレスは、
どんな素晴らしい化粧品の効果も半減させる。

**だから**
**スキンケアは生活習慣を**
**見直す事がとても大切。**



この数年、食の大切さを痛感しています。人間にとって、食はエネルギー源。車でいうとガソリンみたいなもの。ガソリンにもハイオクやレギュラーなど、いろいろな種類があるけれど、人間にとってベストなガソリン！、つまりベストな食事というのは、加工されていない食品であったり、オーガニックの食材であったり、人工的なものが極力加わっていないものをバランスよく取り入れる事だと思います。

# 17

口角！
口角をキュッと意識して。
**口角のくすみ、たるみは**
**5歳老けて見える！**
口角をキュッと上げて、
今日も頑張ろう！



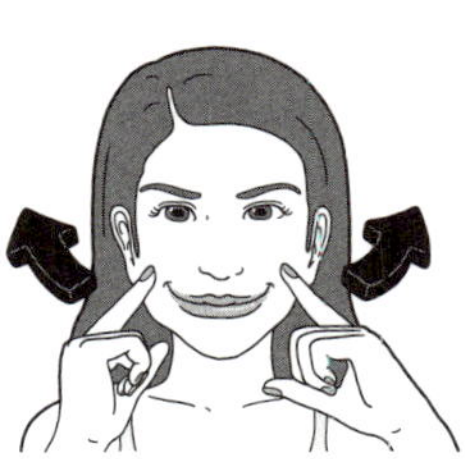

大人になるにつれ、表情筋が衰え、口角が下がりやすくなります。意識して口角を上げるクセをつける事で、ゆるんだ表情筋が自然と鍛えられていき、若々しく。

# 18

歳をとると、
ツヤがなくなる。
若い時には「テカる」と気にしていたが
段々と、「テカれっ」ってな具合になる。
ツヤとテカリの境界線は曖昧だが、
カサカサよりは
ツヤツヤのほうがよいと思う。



肌の弾力感っていう意味では、ツヤがないと絶対にダメ。年齢にもよるけど、とくに色白の人はちょっとテカテカしてるほうがよいと思う。

B A

A. 99%自然由来成分。スキンケア、メイク下地として使用するだけで肌コンディションが整い、ツヤと透明感がみなぎる。ヨンカ セラム 15mL ¥7600／ヨンカ
B. 肌の水分バランスを調整。肌活性・血行促進効果によりハリ弾力をUP。プラント フェイスオイル デハイドレイテッドスキン 30mL ¥5000／クラランス

# 19

大人になるにつれ
見た目の造形より
雰囲気が重要視される。
雰囲気をよくするポイントは
「肌」。
肌を美しく導く。
これが40代へ向けてやるべき事。



紫外線対策と乾燥対策、この2つは10代からやっていてほしい事です。あとは美容医療と高機能化粧品をうまく取り入れていく事で、エイジングという壁に立ち向かおう！ 少し高額な商品に慣れる事も大切。

A. 糖化によるくすみや弾力低下を改善。セラム P.Tレア 30mL ¥83100／ラ・プレリー　B. 肌の生命力の鍵となる細胞形成能力に働きかける。オーキデ アンペリアル ザ クリーム 50mL ¥54600／ゲラン　C. 肌が自ら美しくなる力を高める奇跡のクリーム。クレーム ドゥ・ラ・メール 60mL ¥34000／ドゥ・ラ・メール

# 20

スキンケアを頑張りすぎて
お顔が真っ赤な人がいます。
お顔が赤くなったり
かゆくなったりするのは、
肌が叫んでいるという事。



肌の赤みの原因は、化粧品の成分に対するアレルギー反応の可能性が高い。それまではいいと思っていたものでも、合わなくなったのかもしれません。肌の反応は、肌からの警告、メッセージ。愛用のスキンケアを一度止める勇気も時には必要。

# 21

# 肌荒れは、七難表す。



肌荒れは、自分の悪いところ「すべて」を道連れにし、表してしまう。食事、姿勢、ライフスタイル……。悪いところが全部バレてしまうので、要注意！　肌が綺麗にこした事はない。それは永遠のテーマでもある。だから、肌荒れをしない基礎対応力が必要だと思います。

# 22

自分の肌を今より綺麗にしたい時
昨晩までとは違う事を
取り入れればよい。

①②③をひとつずつ変えてみる。

**① 寝る環境**

**② スキンケアの順番、やり方**

**③ 化粧品**



寝室は、適正な湿度に保たれていますか？　枕カバー、寝具は清潔ですか？　お部屋は埃まみれじゃないですか？　スキンケアの時、肌をこすりすぎていないですか？　もともとの肌質が弱い人は、スキンケアを頑張りすぎる傾向があり、もともとの肌質がよい人は、やらなすぎる傾向にあります。肌質とスキンケアのバランスがぴたっと合った人が奇跡の肌になっていくのだと思います。そのためには肌データを取ることが大事。昨日と違うことを取り入れると、早ければ翌朝には何らかの違いが出てくるので、自分の肌にぴたっとくるものが見つけやすくなります。失敗を恐れず、前に進もう！

# 23

顔に髪の毛が当たるという事は
顔を手で触っているのと同じ事。
特に、髪の毛の当たる場所が
肌荒れしやすい人。
髪をスッキリさせましょう！
**肌を触ると**
**肌は傷つく。**
肌はとってもデリケート。



髪の毛による摩擦や、スタイリング剤が顔につく事で肌荒れを起こしている人が実は多い。フェイスラインとおでこのニキビはストレス、もしくはスタイリング剤が原因である可能性を疑ってみて。肌を触っていい事なんてひとつもないからね。手はとても汚れているので、顔を無意識に触るって顔にゴミをつけてるみたいなもの！　顔は「国宝級」と思って、気軽に触るな、近づくな。かゆくても、かかない。かゆい時は、鏡を見る！　どうしても触りたい時は、その前に手をしっかり洗おう。

# 24

毎日のスキンケア。
時に、美容医療、
そして、生活習慣の改善。
**年齢とともに課題が明確になり、**
**やる事が多くなるけれど**
**結果、自分にすべて返ってくる。**



面倒臭い事や不慣れな事も習慣化させてしまう事が大切。面倒臭いの中には綺麗の種がいっぱいある。美容を頑張るのに手遅れはないと本当に思う。今この瞬間から意識改革を！　一緒に頑張ろう〜。

Q 自分磨き、頑張ったのですが、やっぱりブスみたいです

A **諦めたら、あかん！**

**僕も自分の事は不細工だなと思ってるけど、
自分のほんの少しの可能性を磨く努力はしてる。
努力はきっと報われる。**

From Masaru To Readers

# SKINCARE column 1

Q マサルさーん！　クレンジングオイルでクルクルしても落ちない毛穴の“ザラザラ角栓”はどうするのがいちばんいいんでしょうか？　毛穴が憂鬱です

A **お風呂に入って温まり、
汗をじんわりかいた後にお手入れするのがベスト！**

角栓問題は、皮脂分泌の活発な若い人に多いんだけど、基本的に角栓っていうのは、普段のスキンケアや角質ケアで、いかにできないようにもっていくかがポイント。今すぐなくなったものは、明日明後日には、またすぐ出てくるもの。長期戦で、ゆっくり丁寧にやっていく事で、徐々になくなっていくよ。

## Q 入浴前にクレンジングして洗顔するのって、必要ですか？

A **僕なら！**
**スチーマーor入浴して、オイルクレンジング（※乾燥がひどい人はミルクかクリームで）して洗顔。優しく水分を拭けば完璧！！**

スチーマーや入浴は毛穴を開かせるっていう効果もあるけれど、精神的なリラックス効果がとてもあります。心身ともにリラックスして開放し、心も肌もスッキリするイメージが大切です。

## Q いつもクレンジングオイルで化粧を落としているんですが、メイクがちゃんと落ちないから力を入れちゃうんです。落としやすくする方法ってありますか？

A 力を入れても落ちやすくならないですよー。
オイルは洗浄力が強いので、
メイクとサッとなじませたら、
軽ーく乳化させるだけでOK。
きちんと＝強い、多いではなく、
むしろ肌を傷める可能性もあるので
優しくしっかり！ というイメージで洗ってね



## Q 化粧したまま寝そうでした

A **化粧したまま？**
**生ゴミのせて、**
**寝るところだったね！**

# 25

# 汚れって
# グリグリ
# ゴシゴシ
# しなくても
# 泡泡でしっかり落ちてるよ。

［クレンジング・洗顔］



完璧な洗顔とは完璧なすすぎで完結する。これは洗うという行為の中で意外と知られていない事です。洗浄剤をしっかり落とす事、時間をかけて、丁寧にすすぎ流す事がとても大切。

A. イスラエル発、15種類ものハーブやオイルを組み合わせた植物原料100%ソープ。泡パックにも。ガミラ シークレット オリジナル 115g ¥2300／シービック B. 海のミネラルを丸ごと結晶化したシルクソルト30%配合。角質ケア効果が高く、毛穴もきゅっと。ryumine石けん 80g ¥2400／ぬちまーす C. 化学的、人工的成分一切未使用。メキシコ産の11種のハーブを低温熟成させた、ちぎって使うソープ。洗髪にも。ナンダモプレミアム 60g ¥3400／ナンダモプレミアム

# 26

マスカラ、ライン、シャドウ。
つまりアイメイクが
目周りの色素沈着になる。
きちんと夜に落とせば無問題。



色素沈着は、目まわりの印象だけでなく、顔全体の印象を下げてしまいます。適当にメイクを落とさず、丁寧にポイントごとにメイクをオフする事が長い目で見ると大切。

アイメイクまですっきり落とし、化粧水の効果も兼ね備えた洗い流し不要のオールインワンクレンジングウォーター。疲れた日でも、コレならお手軽。肌に優しいアルコールフリー。オー エフィカス 300mL ¥11000／シスレージャパン

# 27

皮脂汚れは、油でスッキリと。
オイルクレンジングは洗浄力が強いので、
ゴシゴシマッサージは肌に負担がかかります。
**優しく、手早くなじませ流す！**
**大切なのは使い方。**



いちばん伝えたいのは、メイクの度合いに合わせてクレンジング剤を使い分ける事。濃いメイクやウォータープルーフの化粧品を使った「重度」のメイクは、オイルで優しく落としましょう。パウダリーファンデなどの「中度」のメイクは、洗顔フォームか固形せっけんで。

メイクや汚れとなじみやすいなめらかソフトなテクスチャーで、クレンジング時の摩擦を防ぎ、肌への負担を軽減。美容液成分約82%配合で、使用後の肌もしっとり。トリートメント クレンジング オイル 200mL ¥3000／カバーマーク

# 28

寝ている間、皮脂が出やすい夏は朝の洗顔できちんと皮脂を落としメイクに備える事。

**メイク崩れの2大敵は、**
**① 過剰な皮脂**
**② 顔触り**



朝の洗顔時、洗顔料を使うべきか使わざるべきか。いつもたくさん質問をいただきます。寝る前にきちんと洗顔料を使って、メイクも汚れも落としている場合は、朝はぬるま湯で皮脂を洗い落とす程度で十分です。大量な皮脂や、ギトギト感がどうしても気になるという方は洗浄力の優しい洗顔料を使ってみてください。あくまでもやさしいものを使う事。過激な洗顔は避けましょう。

# 29

# 朝の入浴で
# メイクノリは断然変わる。
# ホットタオルでも変わる。
# メイク前に肌を温める重要性。



肌は体温より温まると乾燥に進むんだけど、肌を温める事でスキンケアを〝時短〟して定着力を高める事もできると思っています。脱水症状（＝乾燥）を起こす前に、スキンケアをしてファンデーションを塗ると、温まった肌が通常の温度に戻る時、ファンデがきゅっと肌に密着してくれる。メイクノリが上がるんです。冷たい肌だとメイクノリが悪いので、お風呂に入れない時は、ホットタオルで疑似的に入浴したのと同じ状況を作ってあげましょう。僕が普段、撮影前にスチーマーでスキンケアをするのはこの原理です。

# 30

# スキンケアアイテム。 高いからよい！ 安いからダメ！ では決してありません。



自分に合うものを見つける方法は、①つけた瞬間の違和感、②鏡を見た時の赤み、③翌朝の吹き出物、の有無。この3つ。スキンケアはその瞬間は違和感がなくても、翌朝に反応が出る時があるので、敏感な人は腕の内側でパッチテストをしたほうがいいと思う。買う前に、サンプルの化粧品をいろいろ試してみるのもオススメ。

## 31

洗顔の時、
お湯の温度は34~36度。
乾燥肌の人はもう少し低い温度で。
冷水だと、化粧ノリが悪くなります。
テカりやすい人は、
熱いお湯で洗っている可能性が高い。
**美肌温度は、ヌルめ温度。**



34~36度って、思っているよりもヌルい。毎日、朝晩の事だからこそ、洗うお湯の温度を見直すだけでもすごく意味があるよ！　皆さんも意識してみてね。

# 32

「あーっ、今日はお風呂やーめたっ！」

「もぅ、メイク落とすの面倒くさーっ」

っという全国の皆さん。

はいっ!!　時間ですよっ。

寝る前にメイクは
キレイに落としてくださいね！




後悔先に立たず。喧嘩した彼氏に電話しちゃったくらい後悔するよ（留守電だった際。笑）

## Q 朝の洗顔、洗顔料は必要ですか？

**A** 夜、しっかり洗顔するのなら、朝はしなくても大丈夫かなと最近は思っています。皮脂分泌が多かったり、朝起きた時に顔がテカテカの人は洗ってもいいけれど、乾燥気味の人はその日の肌状態で判断を。朝晩ともにしっかり洗う必要はないと思います。

# From Masaru To Readers
# SKINCARE column 2

## Q 拭き取りタイプのクレンジングって、摩擦で吹き出ものができやすくなるんですか？



**A** ものにもよるけれど、液体がたっぷりコットンに染み込んでいないと肌を擦って、傷つける可能性があるね！

100%コットンの大判。繊維製品の国際規格認定を受けた、赤ちゃんの肌にも使えるふんわり優しい質感。エクストラ フェイシャルコットン 120枚入り¥600／アルビオン

化粧品って、何を選ぶか、どう使うかで変わってくる。正しい量を正しい方法で使うのは基本。そして、ラグジュアリーなものを使うかそうでないかで、疲れた肌や心の癒やされ感は全然違う。化粧品とは、そういうもの。

## Q モデルさんって、一般人と何が違うんですかね？

## A 絶対的に！　意識が違うよね

モデルという仕事は、自分自身が商売道具。肌のコンディション、体型、メンタルのケアなど自己管理する分野も多岐にわたります。ストイックなまでの努力が必要な時も。強い意識と信念と努力があれば、あなたもきっとモデルさんのような美しさを得られると思いますよ！　頑張って。

## Q マサルさん、鼻の黒ずみが気になるんですけど、何か改善できる方法があれば教えて！

## A 鼻の黒ずみで考えられるのは、①汚れ、②産毛の毛根。①の汚れは、ゆっくり入浴して、毎日ケアする事で改善を。②の場合は顔の産毛脱毛の検討を！

毛穴の汚れとして見えるのは毛根、または皮脂の酸化したもの。きちんと入浴してきちんと洗顔する事を、まずは1ヵ月続けてみる。皮脂過多の人は酵素系の洗顔料を使って穏やかに洗ってみて。それでも改善されない場合、毛根が黒く見えている可能性が大なので、クリニックで一度診てもらって、顔の産毛脱毛を検討してみてください。

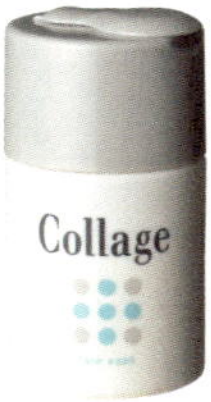


角質ケア効果の高い酵素配合。毛穴の汚れやざらつきを整え、肌をつるんと。コラージュ洗顔パウダー 40g ¥1600／持田ヘルスケア



## Q こんにちは☆マチャさん！！！ パックしてから、拭き取り化粧水ですか？ 拭き取り化粧水してから、パックですか？

## A 拭き取り→パック

よぶんな角質をオフして、吸収率アップ！

［シワ・毛穴・たるみ］

# 33

## 女性の表情ジワ。
## とてつもなく気になる2ヵ所

## ①眉間のシワ
## ②おでこのシワ

## ほかはあまり気にならない！



眉間とおでこのシワは、人に対してネガティブな印象しか与えないから、作らないにこした事はない。若いうちにこの部分にできるシワは、自分の癖によってできるストレッチジワなので、その癖さえなくせば薄くなる。もしくは今よりひどくならない。すでに深く刻まれてしまった人も、今より悪化させないために、表情癖をリセットしましょう。

# 34

毛穴の悩みはつきもの。
エイジングとともに増えている場合、
それは「肌下がり」。
肌が下がり、毛穴に影ができているから。
メイクで毛穴を目立たなくさせるには、
断然、リキッドよりパウダーがよい。
ですが、毛穴落ちしやすいので、少量を！
こまめにメイク直しするのも大事。



光の屈折によってできた影なので、光による「押し上げ感」で回避できる。無理にカバーするよりは、仕上げにソフトフォーカス効果のある発光系のパール入りパウダーを。

# 35

**毛穴をなくす事は難しい！**
**けれど、**
**毛穴を広げない事はできる！**

日々のスキンケアを
怠りませんように!!
夏は危険がいっぱい。



夏は皮脂がたくさん出るぶん、毛穴ゆるみが秋冬より加速します。特に夏場は、皮脂対策を怠らない事！　皮脂吸着に優れたメイクアイテムとの出会いが、毛穴対策へと繋がるのです。

光の散乱効果により、毛穴や小ジワなどの凹凸を劇的にカバー。皮脂吸着力が高く、メイク直後の透明感とサラサラふんわり肌がずっとキープ。マ プードル ¥5000／ブランエトワール

# 36

# 口輪筋を鍛える！法令線をなくすため！筋肉モリモリで法令線撲滅！親指を吸うように〜

赤ちゃんの授乳期に使われる筋肉は、唇と舌の発育効果があり、それによって口輪筋が発達します。この原理を応用し、親指を吸うように、口の中のお肉をきゅーっと縮めて１分程度キープ。加齢とともに弱くなる口輪筋が鍛えられ、アンチエイジングに。

# 37

［紫外線対策］

紫外線が目に入っても
シミはできてしまいます。
通年、サングラスやＵＶレンズ眼鏡を！
白目も日焼けしてくすむので、
コンタクトの方は、サングラスかメガネも必須！

**サングラス、日傘、日焼け止めは、シミ対策〝三種の神器〟。**

サングラス、日傘、日焼け止めは、シミ対策に欠かせないアイテム。完璧なシミ対策にはこの三種の神器が必須です。いくら高数値の日焼け止めをたっぷり塗っていてもシミはできてしまいます。肌も瞳も完璧に紫外線から守りましょう！

# 38

## ［日焼け止めの選び方　その①］

ケミカル系、ノンケミカル系と称される商品に関して
違いは
紫外線吸収剤を使用しているか、否かです。

敏感肌・アレルギー体質の人は
肌に対して優しいアプローチをする成分である
紫外線散乱剤を使用しているものがオススメです。



ケミカル系は、高機能の日焼け止めや、BBなどに多い。化学成分により紫外線を肌から守るタイプ。無色透明系が多い。ノンケミカル系とは、オーガニック・ナチュラル系の商品に多い。化学処理された天然成分によって紫外線から肌を守る。やや白く残る傾向があるもの。どちらがよいかは仕上がりの好み、肌質によります。肌の弱い方はノンケミカルがオススメ。紫外線の防止力は変わりません。

# 39

［日焼け止めの選び方 その②］

日焼け止め効果はＳＰＦとＰＡで表されます。
**数値が多いほどによいわけではなく、紫外線量に応じて使い分ける事が大切。**

１ＳＰＦは
「20分、紫外線から肌を守る！」という目安。
日常生活だとＳＰＦ20から30で問題ないです。
焼けやすい方には、日中外出される時は30から50を。
一日中室内にいる場合、50は必要ありません。



※「PAとは」？
肌のハリや弾力を担う真皮まで到達し、シワやたるみの原因となるUV-A波の防止効果を示した値。その効果の高さを表しているのがPAの後ろにつく「+」で、数が多いほど紫外線UV-A波の防御率が高い事になります。

※「SPFとは」？
紫外線防御指数の略。赤くなってヒリヒリするサンバーンと呼ばれる日焼けの原因、UV-B波を防ぐ効果の数値を示しています。SPF30の場合、計算上、20分×30で約10時間、紫外線UV-B波から肌を守れると考えられます。

# 40 シミのケアは、内側と外側から徹底しましょう！



内側からのシミケアはビタミンA、C、Eを。理想は果物から摂る事ですが、サプリも有効です。外側からのケアは、日焼け直後はホテリ・乾燥があるので、熱を抑えるためにも化粧水で優しくパッティングしてクールダウンを。またはシートマスクで保湿をしっかりと！

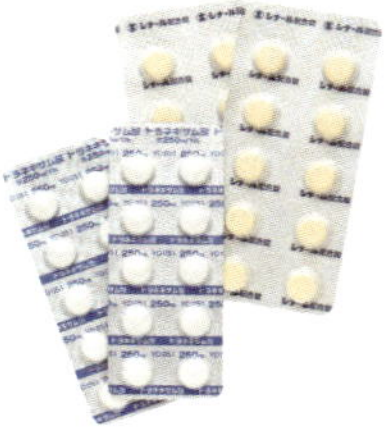

安全性と効果の高さを求めるなら、医師の診断のもと、処方してもらうのが正解。シミケアで一般的なものとして「シナール」は、ビタミンCとビタミンB5のパントテン酸を配合した複合ビタミン剤。「トラネキサム酸」は、メラニンの生成を初期段階でブロックし、シミ・ソバカスを予防／アヴェニュー表参道クリニック

# 41

夏の日差しは、
シミ、シワができるだけでなく
毛穴が広がる原因にもなる。
夜の、洗顔後のケアが大切。
ビタミンC系、導入系の化粧品で
お肌を癒やしつつ、引き締めて。

B　A

A. 高濃度ビタミンCを7%配合。コラーゲン活性を促進するビタミンA、ビタミンBもプラスで、毛穴を引き締め、ふっくら肌へ。C-マックスローション 100mL ¥8000／キャシーズチョイス　B. ヒアルロン酸3種に、ビタミンCを高濃度配合した美白、毛穴、大人ニキビに有効な美容液。化粧水機能もあり。トレジャー コンセントレイトVC 50mL ¥5000／トレジャーJP

# 42

日傘選びは、完璧に紫外線を防ぐものを。
その点サンバリア100は、完璧！
下からの照り返しも防げるものを選びましょう。
ただの黒い布とか白いスケスケレースのものは
意外とダメ。



三段構造の特殊生地によって、紫外線 UV-AもUV-Bも100%カット。地面からの照り返しも黒の傘内で吸収。熱にかわる赤外線と可視光線も100%遮断する強力パワーで傘の中は涼しく快適！ 2段折フリル白黒ストライプ ¥11944／サンバリア 100

# 43

# 春先から夏にかけて「元気な薄曇り」が意外といちばん焼ける。



曇っていても、紫外線は降り注いでいます。特に注意したいのは、4～5月の曇りの日。夏前だから油断しがちだけど、日焼け止めは必ず！　日焼けは、くすみ、シミ、シワ、たるみ、そして肌荒れの原因にも。油断は禁物。

44

クチビルも、日焼けする。
**皆さん、クチビルがくすんで、**
**腐ったタラコにならないようにね！**

ベタつきのないなめらかな使用感で、ムラなくなじんで降り注ぐ強力な紫外線から唇を完全ガード。SPF21/PA＋＋。アネッサ リッププロテクターUV（医薬部外品）¥2000（編集部調べ）／資生堂

# 45

日焼け止めは、
商品に記載されている
目安量、塗布範囲を知りましょう！
薄すぎると、効果が減りますよ！

「塗っているのに日焼けしちゃう」という人は、量が足りてない場合がほとんど。正しい量をムラなく塗るのが大事。特にシミができやすい頬の高いところは、重ね塗りしましょう！

# 46

## 「日焼け止めを塗る」という行為は「スキンケアをする」という事。

肌をケアして
5年後、笑顔。



日焼け止めって、メイクの始まりみたいに思っているかもしれないけれど、朝のスキンケアの仕上げ、という認識が正解。ホントに肌を変えようと思ったら、明日明後日ではなく、5年後の自分のために頑張るイメージでコツコツとスキンケアをするといいよね。日焼け止めを毎日塗る、それだけでも肌はあなたを裏切らない。

## Q フェイスラインは、どこに行ったら見つかりますか??

## A フェイスライン、痩せたら帰ってきたよ!

基本的に、人間の体は部分痩せをしないと思ってください。
体全体の体脂肪をバランスよく減らす事が必要です。

From Masaru To Readers

# SKINCARE column 3

## Q 夏の終わりのお肌ケアは保湿ですかね? エアコンで乾燥してるみたいで……



## A まずは、癒やしましょう! ビタミンCなど導入系の美容液や、化粧水をターップリ!

保湿にプラスして、メラニン抑制のためにホワイトニング系コスメを取り入れるのもいいと思います。紫外線やエアコンで疲れた肌を癒やす事が大切。

Q マチャさん、レーザー治療するのは夏より、
少し我慢して秋まで待ったほうがいいでしょうか?
紫外線対策をすれば夏でも大丈夫だと思いますか?

## A できれば秋からがいいよ!

レーザー治療後の肌は紫外線に対する抵抗力が低下し、シミができやすい状態です。レーザーでの治療は、紫外線量の多い春先から夏は控えましょう!

Q 年々、目の下のたるみが気になりつつ、クマも……。
どんな表情がよくないのでしょうか?
パソコン仕事一日中があかんのかなぁ

## A そうですね……パソコンや、スマホを一日中見てたら、目の周りの血行は悪くなりますよね!

時々目を閉じたり、パソコンやスマホを見ない時間を作ってみよう。あとは、ホットアイマスクなどで血行をよく! ツボ押しも効果的。

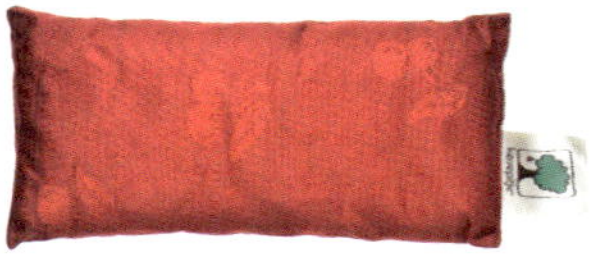

温めた時の保温性が非常に高い、さくらんぼの種をたっぷり詰めた100%天然素材。冷やしても使えて通年活躍。チェリーストーンピロー(S) ¥2700/ユーコジャパンエレガンス

Q マチャさん!! まぶたが厚くて二重の幅がなかなか
定まらないんですが、目の周りをスッキリさせる
マッサージやケア用品、オススメありますか?

## A 目の周りを優しく押して、刺激してみて

目の周りはとってもデリケートな部分なので、無理にグイグイ押したりするのは、たるみやくすみの原因になる事も。朝のむくみ対策としては、夜、塩分や水分を控えめにするといいですよ。

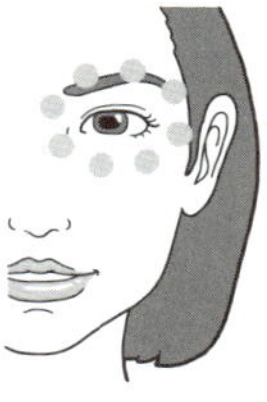

# 47

［角質ケア・ニキビ］

ピーリングが、怖い？
でも。
メイクを落とさないで寝たり、
タバコを吸ったり、
日焼けしたり、
お菓子ばっかり食べたり。
断然、そっちのほうが怖いかもしれませんよ。
ピーリングをうまく取り入れている人の肌は、
10年後、透明感が全然違う。



美容皮膚学的に、角質ケアをきちんと続けている人の肌は綺麗だって証明されているよ。健全なターンオーバーの補助をしてあげましょう！　ですが、過度なピーリングは逆効果。肌状態に合わせて適度に取り入れましょう。

# 48

ピーリングには
液体
石鹸
ゴマージュ
とさまざまあります。
ゴシゴシではなく
優しく行う事が大切です。



A. 刺激を抑制しながら古い角質や皮脂・毛穴汚れもしっかり除去するAHA配合。ダーマサイエンス DPクリスタルソープ 95g ¥2400／ドクタープロダクツ　B. クリニックのピーリング治療から誕生した本格派。肌の生まれ変わりを正常化し、肌トラブルを改善。タカミスキンピール 30mL ¥4584／タカミ　C. 透明感溢れる肌に導く優秀スクラブ。トルマリン チャージ シリーズ エクスフォリエイティング クレンザー 142g ¥5000／アヴェダ

# 49

肌は28日で生まれ変わる。

**1日、2日……ゴシゴシしても変わらない!!**
**28日！　約1ヵ月。**
**焦る気持ちが足を引っ張る！**

角質ケアは、きちんと毎日、
洗顔するだけでできている事もあります。
毎日きちんとメイクをオフして、肌をゼロに戻す事。
肝心なのは、いきなり1日で完結させようとしない事！
スキンケアはじっくり忍耐が必要。

溜まった角質などにより、肥厚しがちな肌にもしっかりなじみ、ざらつきや凹凸のないなめらかな肌に磨き上げる美容液。朝晩、化粧水の前に、コットンに含ませパッティングした後、表面にすべらせるようになじませるのがポイント。クレ・ド・ポー ボーテ コレクチュールエサンシエル（医薬部外品）170mL ¥8500／資生堂インターナショナル

# 50

## ファストファッションはあれども
## ファストビューティはない！
## 1日、2日で綺麗にはなれない。
## 最低28日の肌周期は頑張ろう！



ターンオーバーは、肌が生まれ変わる周期の事。正常に機能していれば28日ごとに細胞が生まれ、成長し、新しい肌が作られます。しかし、年齢とともに周期は遅くなり、その目安は年齢×1.5とも言われています。日々正しいお手入れをし、できるだけこの周期を担う肌の新陳代謝を正常化する事が、美しい肌の育成に繋がっていきます。

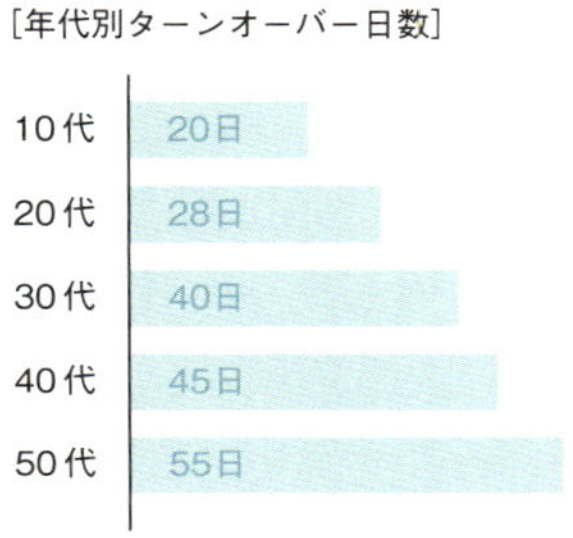

# 51

ニキビにはさまざまな原因があります。
一概にコレ！
という対処法はないのが現実です。
**触らない！**
**皮膚科へ行く！**
**油分の多い化粧品を使わない！**
**脂っこい食事を控える！**
**糖質を控える！**
**ストレスを発散させる生活！**
**睡眠！**
**規則正しい生活……**
は基本です。



ニキビに関しての取材を、今までたくさんしてきましたが、ニキビの原因に関する見解は医師によって、全く異なりました。自分の経験も通して思う事は、思春期以外のニキビに関しては食生活の改善をしっかりとして、ストレスを溜めない生活スタイルを心がけるという事。とってても難しいのですが、にっくきニキビを撃退するべく、頑張りましょう！

# 52
# ニキビは早く治す！より跡にしない治療を。



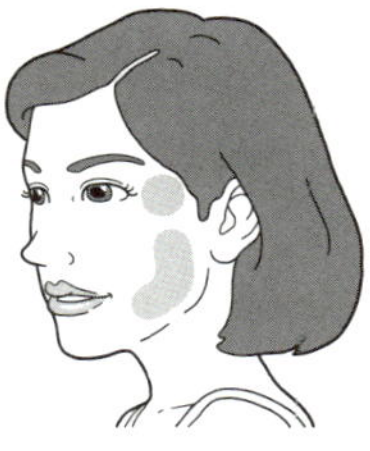

一度できてしまった跡をキレイにするのは、最新の医療でも難しいもの。時間もお金もかかります。ドクターによると「こめかみと頬」は跡が残りやすいそうなので、ここにできたニキビは、クリニックで治療したほうがいいと思います。フェイスラインのニキビは跡になりにくいらしいけれど、いじったり、つぶしたりするのは絶対ＮＧ！

# 53

オイルクレンジング後は、
丁寧にしっかり洗顔を。
特にニキビができやすい肌の人は、
オイル分が肌に残るのはよくないのです。
とはいってもに
力ずくゴシゴシはダメですよ！



ニキビ肌にいちばんオススメの洗顔料は、肌に刺激を与えず、優しく洗えるミルクタイプ。手の圧力も刺激になるから、ひたすら優しくが肝心。そして、すすぎは顔のすみずみまでしっかりと行いましょう！

# 54

クレーター系のニキビ跡、
凹凸系はレーザーで治療を！
しかも
何度も何度も時間もお金もかなりかかる。
**だからニキビはつぶさない！**

【レーザー治療をするなら】

「タカミクリニック」
跡にしない治療は、ニキビ外来があるクリニックへ。レーザーのメニューも豊富。☎03-5414-6000（初診）www.takamiclinic.com

「アヴェニュー表参道クリニック」
ダウンタイムが少ないところも人気の「eマトリックス」全顔¥100000、鼻頬¥50000。0120-365-558。www.ao-clinic.com

ニキビ跡の他、毛穴の開きにも効果絶大の「eマトリックス」。高周波をフラクショナル化して照射。皮膚の深部まで届く熱エネルギーによって、真皮のコラーゲンが増生。皮膚が引き締まるため、たるみケアにも有効!

# 55

皆さん、
夏場の背中のニキビや胸のニキビは
汗が原因だったりもするから。
ＡＨＡソープで優しく洗ってね。



体のニキビの場合、汗アレルギーが原因の場合も多いから、汗をきちんと拭いたり、ニキビやあせも対策を兼ねて、夏の間はいつものボディソープをＡＨＡソープにチェンジしてみるのもいいと思います。

特殊技術で70日以上熟成させて作成。高濃度配合したグリコール酸3%と、高知産ゆず果皮油の保湿効果で、角質や汚れだけを取って、すべすべ肌に導く顔用ソープ。ビオプラント ゆず玉石鹸 80g ¥2800／アメニティコーポレーション

# 56

# 慢性のアゴやフェイスラインのニキビ。生理前のホルモンバランスの乱れや男性ホルモン過多など、要因はさまざまです。クリニックで徹底検査を。



フェイスラインの慢性ニキビは、ホルモンバランスの乱れが原因である事が多いので、一度、ホルモンバランスの検査ができる産婦人科や美容皮膚科へ。女性ホルモンと男性ホルモン、両バランスのテストをすると根本原因が見えてくるから、治療法も明確になるし、ニキビを繰り返さなくてすむようにもなる。結果、スキンケアの間違いがなくなり、ムダも省けるように。

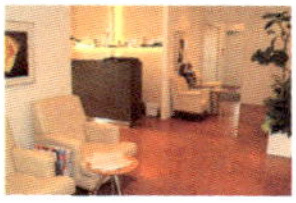

「松倉クリニック&メディカルスパ」

採血検査で、ホルモンの分泌量とバランスをチェックできる「総合ナチュラルホルモン補充療法」は、初回検査のみ¥38100。☎ 03-5414-3600
http://www.matsukura-clinic.com/

Q ニキビが治らないんです！　助けてください

A 慢性ニキビは、20代半ばまで続く人もいますが、

**必ず、道はある！**

**皮膚科、またはニキビ治療専門医のもとへ！**

From Masaru To Readers

## SKINCARE column 4

Q マチャさん、ニキビがひどくて、皮膚科に通って
1年がたちましたが、一向によくなりません。
皮膚科を替えたほうがいいですか??



A **替えてみましょう！**

ニキビの治療は本当に根気が必要です。改善されないから、と頻繁にクリニックを替えてしまうと逆効果な場合もあります！　ですが3ヵ月位たってもよくならない場合は、違うドクターに相談してみるのがいいと思います。セカンドオピニオンを取り入れて、新しい角度からの治療にトライしてみましょう。

Q 今までまったくできなかった赤ニキビに悩んでいます。丁寧にスキンケアして、枕カバーも替えているんですけど、なかなか改善されません

## A 肌を変えるには、生活習慣を変える事が大事

ニキビをスキンケアだけで治そうとする人が多いんだけど、肌を変えるいちばんの近道は、食生活と生活習慣を変える事。加工食品や刺激物を控える、白砂糖は避ける、デザートは果物にする、油の質にこだわるなど……。このあたりから見直していこう。あと、ニキビは絶対に触っちゃダメ。気になるところって無意識に触りがちだから、無意識のタッチに気をつけよう。そしてキレイに治したいなら、美容皮膚科へ！

Q 顔にニキビもあるし、脂っぽい肌なのでパウダーファンデを使っているのですが、ニキビの部分に塗っても大丈夫？

## A ニキビ肌にはパウダーファンデがオススメ

パウダーファンデは成分的に油分が控えめだし、肌への負担も少ないのでニキビ肌向きです。あと、毛穴やニキビ跡が気になる人は、リキッドよりパウダリーのほうが絶対にいいですよ！



Q ニキビ跡を消すのに、どのくらいのお金がかかりますか？

A 範囲や深さにもよるので、専門のクリニックで相談してください。程度にもよりますが、数十回の処置が必要な場合もあります。ちなみに僕もかなりのコンプレックスで、地道に頑張ってますよ！

57

［美容医療］

顔のシミをどうにかなくしたい時は
レーザー治療とホワイトニング、
両方する事が近道です。
濃いシミに関してはレーザーで薄くし、
ホワイトニングを同時に、でもよい。
**レーザー治療は全く怖くありません。**



美容医療の登竜門、レーザー治療。未体験の人にはかなりハードルが高いようですが、シミに対しての「成果報酬」は歴然としたものがあります。特に濃いシミの場合はレーザーでの治療が近道です。

**「薄いシミ」**

メラニン色素に反応し、表皮のターンオーバーを促進。皮膚代謝でシミが剥がれ落ちる「フォトフェイシャル」が有効。顔全体に光を照射するので赤みや毛穴など複数の肌悩みが同時に改善できる。

**「濃いシミ」**

現在、一般的なのは皮膚深部まで確実に届く高出力レーザー「ヤグレーザー」。2種の波長を選択でき、シミの状態に合った幅広い治療が可能。通常、2〜3日でかさぶた状になった後、ポロリと取れる。

# 58

**点滴NOW。**
メガビタミン。
たまには、内側からガツンとね！
atアヴェニュー表参道クリニック

Dr.寺島。



高濃度ビタミンC点滴は、がん治療にも使われているもの。美肌にアンチエイジングに、疲労回復に……。ものすごい即効的な実感はないにしろ、続ける事での効果は絶対あると思います。

「メガビタミン点滴」とは？

経口摂取量の一カ月分相当のビタミンCを一回の点滴で投与。強力な抗酸化作用でアンチエイジングに繋がる他、肉体疲労などの健康増進にも効果的。料金は¥15000（アヴェニュー表参道クリニック）。

# 59

肌トラブル解決には
自分でのお手入れで
できる事、
できない事があります。
**気づいたら、年取ってた。**
**なんてならないように。**
若い時から、皮膚科、美容皮膚科へ。



肌トラブルが起きた時、自己処理しない事が大事。長い目で見ても、メンテナンスの選択肢として、かかりつけのクリニック、信頼できる専門医を見つけておくといいと思う。肌トラブルには何かしら原因があるから、専門医に診てもらえば、原因と対処法が分かる。若いうちにそれを知っておくと、肌のキレイの寿命が長くなる。若さが長持ちするよ！

# 60

## 美容皮膚科は、先生のセンスが大切！そして、きちんと説明してくれる！これ大事。



料金、カウンセリング時の印象、自分が求めている事に対する答え方など選ぶ基準はいろいろあるけれど、いちばん大切なのは相性。直感でいいと思います。この先生に診てもらいたいか、この先生なら信頼できると思えたか……。ちょっとでも「ん？」と思ったら、退散したほうがいいです。ただ、ひとつ言っておきたいのは、「名医」ってかなり忙しいし、そっけない人が多い気がするんです。ムダな愛想がないだけかもしれないけれど、それが普通です。表面的な優しさより、信頼できるかどうか、ちゃんと要望に応えてくれるかを重視してください。僕も信頼できるドクターに出会うまで時間がかかりましたし、たくさん失敗もしました。

# 61

**皮膚科……**
**保険診療を主に、皮膚疾患や怪我などを**
**治してくれます。**

**美容皮膚科……**
**主に、保険外診療。**
**キレイを底上げしたい時！**



皮膚科で行うのは、治療。皮膚に表れた疾患を治癒させる事です。美容皮膚科は、美しさをより向上させる場所。疾患も「キレイに」治す事を考えてくれます。つまり、美しくなりたい人のための治療を行うところなのです。失ったハリ、ツヤ、膨らみを取り戻したり、できてしまったシミ、シワ、赤み、ニキビ跡などを除去したりもできます。

# 62

# 濃いシミはレーザーで取ってください。
# 薄いシミはレーザー、
# または日頃のホワイトニング美容液かな。



ホワイトニング美容液って肌が白くなる、と誤解されがちなんだけど、実際には肌を明るくし、透明感を出すもの。

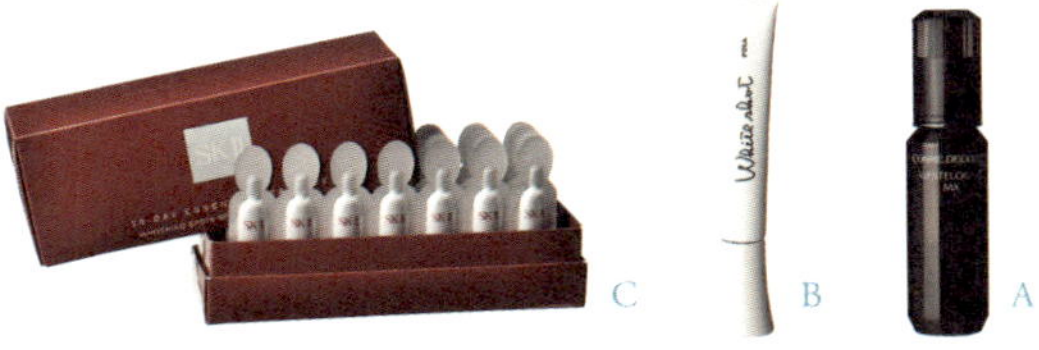


A. シミのもとを作るメラノサイトに直接届いてシミを予防。ホワイトロジスト MX（医薬部外品）40mL ￥15000／コスメデコルテ　B. シミ部位にピタッと密着し、メラニンを分解。ホワイトショット SX（医薬部外品）20g ￥12000／ポーラ　C. じわっと染み込み、シミの根を断つ画期的な逸品。SK-II ホワイトニング スポッツ スペシャリスト コンセントレート（医薬部外品）0.5g × 28個入り ￥16000（編集部調べ）／マックス ファクター

# 63

# 左右対称に同じ位置、同じ形のシミは肝斑《かんぱん》の可能性大。



**「肝斑」とは？**

両頬や額、こめかみなどに左右対称にあり、地図のようにぺたっと平坦なのが「肝斑」の特徴です。女性ホルモンが大きく関係していると言われ、30代後半以降の女性に多く見られるとされる一方、妊娠や出産などで発症することも。また、体調や生理周期などで濃淡が変わることもあります。肝斑に似て非なる症状もあるため、気になったら皮膚科医の診察を受けるのが懸命です。

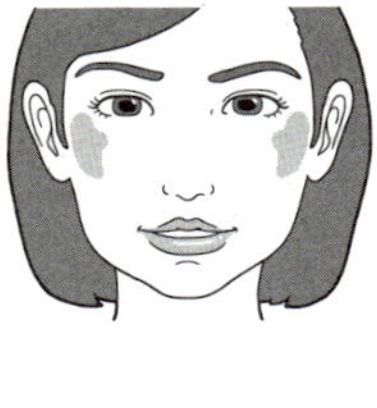

# 64

## ネギやキャベツを買うんじゃない。一生付き合う、自分の顔。料金より技術を!!



美容医療が日常化していく中で、美容整形などの外科的な施術も日常化しつつあります。クリニックの数も年々増えています。クリニックを決める際に料金というのは、とても大切なポイントのひとつですが、もっともっと大切な要素は何か……？特に美容整形はクリニック選び、ドクター選びですべてが変わります。料金だけではなく、実績なども慎重に調べてくださいね。

# 65

# 「ライムライト」で薄いシミを取ったら、かなり、透明感！価値あり！



「ライムライトとは?」

日本人のために開発された光治療器。安全性が高く、かつメラニンに反応性の高い光を照射し、取り切る事が難しい薄いシミを効率的に除去することが可能に。肝斑、赤ら顔、ニキビ跡、小ジワ、毛穴開きなど効果はオールマイティ。一回¥45000（アヴェニュー表参道クリニック）。

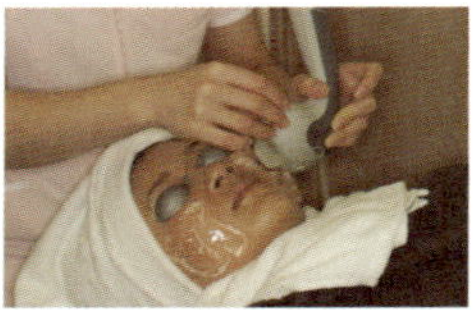

# 66

ハイパーフォトフェイシャル。
コーラルクリニックのハイパーフォトは
通常のクリニックの倍の光を当てる★
しかも痛くないとか最高！



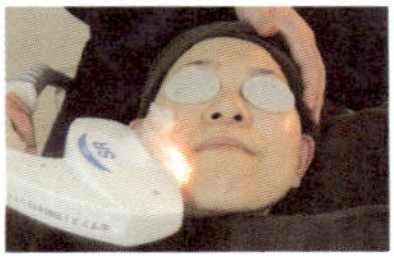

「ハイパーフォトRF」

皮膚表面に光照射と高周波を同時に照射して、シミを除去してくすみをオフ。ジェルを凍らせることにより、通常の出力の約3倍というハイパワーが可能に。肌に透明感を出しながらリフトアップも叶うという画期的な施術。コラーゲン生成が促進されるなど肌自体の機能もアップする。

「コーラルビューティークリニック」

わずか1回でもかなりの肌変化!「ハイパーフォトRF」初回トライアル ¥12000。東京・表参道の他、神奈川、大阪、秋田、静岡に分院あり。
0120-025-789　www.coral-beauty.jp

# 67

以前、鱗塾に参加された生徒さんが来店。
「今からお直しに行くのだけど」と相談されました。
二重まぶたの幅調整とヒアルロン酸、ボトックスを予約した生徒さん。
客観的なアドバイスをしました。
嬉しかったのは、「キレイになりたい」という気持ち！
そして、第三者の意見を取り入れる前向きな行動。

キレイになる時に大切なのは、客観性。あとはバランスなのです。
聞こえの悪い「プチ整形」も、バランスとドクターさえ間違えなければ、
とても自然に仕上がります。キレイの加速度を上げたい時は、
クリニックでの処置がかなり有効です。
タルミ、くすみ、シミ、シワ、まぶたの重さ。
みなさんよい一日を

From Masaru To Readers

## SKIN CARE column 5

### Q ゴルゴ線や頬のたるみが治った人、見たことありますか?

### A 日常の意識! でだいぶ改善します。急ぐ場合はクリニックで医療処置を

ちなみに、たるみきっているのと、たるみそうなのは違います。「たるみきっている」場合は、美容医療を。「たるみそう」なら、日々の意識とケアでそれ以上悪化させないように!

サロンのトリートメントから生まれた、集中ケアアイテム。皮膚組織に蓄積される余分な水分や老廃物の排出をサポートし、わずか10分程できゅっと引き締まったフェイスラインへ。リフト アフィーヌ ラップ 75g ¥7000/クラランス

### Q オススメのオーガニックコスメってありますか?

### A オーガニックがよい! ノンシリコンがよい! という時代は終わりました。自分に合うか合わないか、好きか嫌いか

オーガニック、ナチュラル系の化粧品信者に多い、偏った先入観。直感は大事だけど、先入観はダメ。すべてフラットな状態で見極めて選ぶ事がとても大事。直感には引き寄せる力があるから、雑誌などで目に留まったものもありだし、使いたい、触りたいと思ったものは心にとっていちばんの美容効果がある。ぱっと引き寄せられるビジュアル、次に香り、テクスチャー。そして求めている効果があるかどうか。毎日手に取りたくなる、興味をそそられるものでないと。毎日続けられないと意味がないから。



### Q マチャさんがオススメする美容医療って、20代でするのはまだ早いですよね?

### A 美容医療は最終手段じゃない。テコ入れが必要になってからじゃ遅いよ

美容医療は特別な事じゃないし、特別な事と思わないでほしい。美しく年を重ねていく時に、身近に美容医療があると、年を取った時の美しさの偏差値が高くなると思う。最終手段として取り入れる頃にはもう、「総リフォーム」になっちゃう。ちょっとした「日曜大工レベル」から取り入れると修復が早く済むし、仕上がりもキレイで自然です。

# 第2章　メイク

# 68

朝のメイク、暗い部屋でしている貴女へ。
暗い部屋だと、濃いメイクになりますよ。
ファンデが濃くなりますよ。
気をつけてね。

# 69

## 今日は天気が悪いからね。リップに色を！パウダーチークはカサカサに見えるからリキッドファンデ、練りチークがオススメ！



メイクは天気や、その日自分に当たる照明＝ライトを意識したほうがいい。天気がいい日は、太陽が当たるのでキラキラベースやキラキラシャドウはちょっと控えめに。逆に天気が悪い日は顔がグレーっぽく見えるから、明るめの色で血色感アップ！

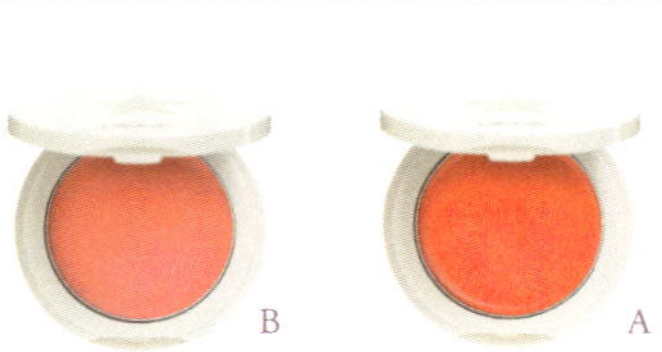


A. 上品でフレッシュな印象になる、赤みのあるオレンジ。チーク&リップに使えるサラッと質感。マ キッスマイル トマト オレンジ
B. 洗練されたムードを演出するコーラル系。同 ラブ パンチ 各¥3200／ブランエトワール

# 70

満員電車、エレベーター、トイレ……。
たいがい照明が青いので、
どうしても肌が汚く見えてしまいます。
そういう場所でのメイク直し、メイク施しは
厚塗りになる傾向があるので要注意です。



青い光は血色を奪い、肌が汚く見えるんです。だから青い光の下でメイクをすると、肌のアラが目立ってしまい、どんどん厚塗りに。メイクやメイク直しは、できるだけ明るいところでしましょう。いちばんいいのは、青とオレンジの光が混ざっている場所。晴天の青空の下も、実は肌が青く見えるので気をつけましょう。

# 71

# 毎日同じメイクって、毎日同じ服を着ているみたいで飽きるよね。



アクセサリーや靴を替えるように、メイクも替えられるといいよね。たとえば、靴が赤ならリップを赤にしてみるとか、バッグがピンクならチークをピンクにしてみるとか、洋服やファッションアイテムから、メイクのヒントをひとつもらってリンクさせるのがいちばん簡単。紺のニットだったらアイラインを紺にするとかね。顔だけでなく、全身のバランスもとりやすくなって、おしゃれにも見えるよ。

# 72

# 気分が上がらない日は
# いつもと違うメイクを！
# 赤いリップ
# はね上げライン
# カラーシャドウ
# メイクで気分を上げてみよう！



いつもと違う事に挑戦すると、気分が上がるし、自意識も上がる！　そもそもメイクでいちばん大事なのは、自意識を上げること。いつもと同じメイクだと安心しちゃうから、特に意識しなくなって、キレイが停滞してしまう。実はメイクって、緊張感があるくらいがいい。それが自意識を高める事に繋がると思います。

73

**雑にメイクすると**
**雑な顔になります。**

時短と、雑は違う。
皆さまが雑な顔になりませんように。
(合掌)



「時短メイク」は、必要最低限の味方メイクを自分に施すっていう事。「雑メイク」は、緊張感のない無意識のメイクで、結果、自分にとって敵となるメイクなのです。

# 74

日本の女性は、肌が汚く見える事を率先してやっている。

**①髪の毛を明るくしている**
**②ヌーディなリップを塗っている**
**③眉毛を脱色している**
**④やたらと濃くチークを入れている**
**⑤白めのファンデーションを好む**

以上。



以上の5点に当てはまり、かつ肌印象をよくしたい皆さん。ひとつずつでいいので替えていきましょう!

# 75

メイク直しの際は、
潔く崩れた場所を
「なじませ取る」のがいちばんです。
崩れたメイクの上から重ねるのはNG。
それは
**沼地に家を建てるみたいな事。**



崩れた部分にフェイスクリームをなじませて、綿棒で一度取ってからメイクをし直そう。リタッチするのは崩れたところだけだから、クレンジングするより簡単だし、クリームを使うから潤いも奪わずに済む。崩れたメイクの上に重ねるより実は手軽で、仕上がりが断然キレイ！外出する際は、小さなケースに詰め替えたクリームと綿棒を、常にバッグに携帯しておこう。

# 76

メイクが分厚い人って
まるで十二単《じゅうにひとえ》を着てるみたい。
男性は十二単とデートより
浴衣くらいがよいのかも。
**十二単メイクのみなさま、**
**脱いでくださいませ。**



厚いメイクとキレイなメイクは反比例するもの。キレイな肌に見せるためにもっとも大事なのは、肌感が薄くて色ムラがないこと。肌の赤みが見えるのもダメ。色ムラは肌をいちばん汚く見せるから、均一かつ薄く、しかも立体感のある仕上がりを目指そう。

# 77

# 雨の日、肌はツヤ肌に。崩れやすい部分のベースは薄く薄く。



雨の日は空がグレーだし、光がないので肌がマットに見える。だから、肌にはツヤが必須！湿度が高くなってメイクが崩れやすくなるので、Tゾーンなど皮脂が多くて崩れやすい部分は、極力薄ーく仕上げよう。

# 78

## 女性のパーツメイク下手ランキング

①眉毛
②チーク
③アイライン
④ベースメイク
⑤アイシャドウ

（マサル調べ）



本当に眉毛は難しいんだなぁ。多くの女性を見ていて、そう思います。骨格や表情、そしてなりたい女性像を意識して、眉毛は「描く」のではなく、「作る」イメージで。眉毛は女性の品格を表します。

# 79

今からデート。ごはん会！
夜のメイク直しは
ファンデを重ねるのはNG！
崩れたファンデはキレイなスポンジになじませ、
軽く落とす。その後、
ルーセントのお粉を重ねて質感を整えてね！
ポイントは、唇を立体的にする事。
デートの方は目薬で瞳を潤ませて♥



女の人は瞳や唇など粘膜の潤いが大事。特に、眼球はうるうるに！　あと、夜のバーやレストランの光の下では、しっかり作った肌は浮いて見えるので、肌はヌーディに仕上げたほうが好印象。

# 80

出勤時にキレイに見られるポイントは
横顔！
そう、皆さんが朝、気にしない、
意識しない、横顔が決め手！
ファンデの塗りムラ、
バサバサの髪、
小鼻のファンデ浮き。
メイクの際は、横からも
必ずチェックを！

# 81

# おしゃれメイクと、美人メイクは違う。



おしゃれメイクっていうのは、メイクの存在感をより際立たせるもの。僕が「美人にしてください」ってお願いされたら、色より質感重視で仕上げる。そして「おしゃれに見られたい」なら色を効かせる。どちらがいいって事ではなくて、2つのテクニックを持つのがオススメ。美人メイクとおしゃれメイク！この2つの顔を使い分ける事ができたら、かなりファッションを楽しめると思います。僕が考える美人メイクって、仕込みが丁寧で完璧なもの！必要最低限なメイクに見えて、実はかなり手間がかかっているコンサバなメイク。いい意味で少しつまらないくらいがベスト。おしゃれメイクは、メイクによって顔の印象を変えていくカメレオンのようなイメージ。色やライン、質感、メイクの存在感を味方につけて洋服とのバランスをとる感じ。

# 82

## 天気の悪い日は、ツヤと、血色を味方に！グレーの空が肌をくすませる。



血色、すごく大事！血色はチークとリップで。配分は5：5でもいいし、2：8でも3：7でもいい。両方で10になるバランスにしよう。

# 83

鏡を引っ張り出して、
3分間、じっと見る。
いいところ。
悪いところ。
いろいろと見えてくる。
顔を動かして。
そう。
メイクで生かす場所、
メイクで補う場所、
発見！



月に一回程度、意識をもって3分間、自分の顔を見つめる時間を持つこと。そして、今の自分を知り、自分の肌がどんな状態で、自分の理想とどれだけ離れていて、どうしたらいいのかっていう計画を立てなければいけないと思う。それは翌朝のメイク計画でもいいし、この先1年間のスキンケアの計画や美容医療のプランでもいい。ゴール地点が見えないと、絶対にキレイに近づかない。人生もそう。ゴール地点があれば、何事も頑張れる。

**Q** シャドウってどんな効果があるんですか？
塗る前より目が小さく見えてしまいます（涙）

## A 塗らなくても、いいよ！

小さく見える場合は、ラメやパールが強すぎるのかもしれないから、
パールやラメが軽いものにチェンジしてみるといいかもね。
アイシャドウを塗る事はメイクのお約束ではないので、なくてもOK。

From Masaru To Readers

# MAKE-UP column 1

**Q** 下地にリキッドにパウダーファンデにお粉、
ってやっぱり厚化粧ですかね??



## A それ、なに？（笑）頑丈なマンションができそうだね（苦笑）

厚いメイクが悪いわけではないのです、大切な事はTPO、ファッションに合っているかです。ちなみに、最近の僕はメイク濃いめが好きですよ！

Q 古いファンデーション（2～3年前のもの）を使うと
どんな悪い事がありますか？
肌が荒れる・ヨレるなど……教えてください

## A 腐ったオニギリを食べるみたいな事。腐ったお刺身とかね

化粧品も食べ物と同じだと思ってね！　特にスキンケアやベースメイクアイテムは新しいものを。ポイントメイクのアイテムでも、保存状態によっては早く悪くなるよ。基本、未開封で3年間。開封後は1年で使い切ってくださいね。

Q マチャさん、日焼け止め→化粧下地 or
化粧下地→日焼け止めだと、どちらがいいですか？

## A 日焼け止めから！

基本、順番に決まりはないのですが、日焼け止めは白くなるものも多いので、ファンデーションよりも先に塗るのがよいです。

Q マサルマスカラGETしましたー。
私、下まつ毛がすごく少ないんですが（涙）、
下まつ毛にうまーく塗るコツ、ありますか？

## A 特に下まつ毛が少なく、短い人は、歯間ブラシにマスカラ液をつけて塗るのがオススメです！

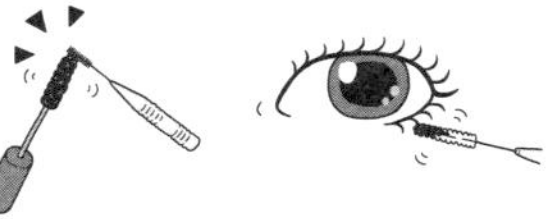

マスカラのブラシについた液を歯間ブラシで丁寧にこすりとった後、マスカラ液を移した歯間ブラシで下まつ毛に塗る。マスカラブラシより細く小さな歯間ブラシなら、毛量が少なく繊細な下まつ毛にもムラなく塗れてキレイに仕上がる。

84

［ベースメイク］

# ファンデーションとは理想の素肌を、作るもの。



ファンデーションの仕上がりは、メイクの完成度の80％を占めます。メイクにおいて、ベースは最重要ポイント。いちばん時間をかけて丁寧に！　塗るという意識ではなく、理想の素肌を作り上げてください。

# 85

日々思う。
世の中は2パターンの女性で成り立っている。

**①お粉多すぎ女子**
**②ファンデーション まったく塗れてない女子**



肌作りは、本当に好みと意識が出やすい箇所でもあります。意に反して、自分の理想とは程遠い仕上がりになってしまう人が多いのも事実。肌というのは印象と同じなので、アイテムやテクニックを変え、第三者に肌の印象を見てもらう事が、ゴールへの近道。僕にどこかで会ったら聞いてくださいね！（笑）

# 86

道端で、
知らない人に
「あなた、ファンデ白いですよぉ！」
って言いそうになった。
危ない危ない……



ファンデーションは絶対、濃い色のほうが自然で、顔が小さく見えます。肌より白いファンデーションは「顔デカ効果」「老け顔効果」がアップしてしまいますから要注意！　基本、1段から2段くらい暗いほうが、人から見られたときに自然。あと、デパートカウンターでのファンデ選びには細心の注意を払ってくださいね！　室内ライトは、肌が白く見えがちなのです。

# 87

小鼻とおでこ
テカテカだよ。

顔の脂は
何もついてないスポンジで押さえて！
かるーく！　お粉もね！
フワッとね！　フワッと!!



脂取り紙だと、自分の指の圧がかかってムラになっちゃうんだけど、スポンジは圧が均一にかかり、均等に脂が取れるんです。脂取り紙を使いたい人は、スポンジをくるんで面で取るようにするといいよ。ちなみに、汚いスポンジを使うと「汚顔」になるので、何もついていないキレイなスポンジを必ず1個、持ち歩きましょう。

# 88

# 立体感、ツヤ感、透明感なら
# ファンデは、断然リキッド！

C　B　A

A. 美しい素肌のようなツヤ肌仕上げ。薄くなじんで崩れにくいウォータープルーフ。リクイドファンデーション 30mL ¥4300／RMK Division　B. カバー力とツヤ感が共存。重ねるほどつややかに、透明感もUP。フローレスエシリアル フルイド ファンデーション 30mL ¥5000／THREE　C. 潤いのある美肌へ導く美容液ファンデ。インテンシブ スキン セラム ファンデーション SPF40（PA＋＋＋＋）30mL ¥6900／ボビイ ブラウン

# 89

# パウダーファンデは、大きめのブラシで、フワリとつけて細かい部分をスポンジで！いちばん自然に仕上がるコツ。



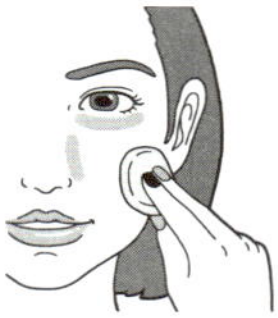

鼻まわりや目まわりなどの細部は、ファンデーションをなじませたスポンジの角を使って、丁寧に。密着力のあるスポンジで塗ると、フィット感が高まり、崩れにくくなる。

大きめサイズのフェイスブラシにファンデーションを含ませ、いったん手の甲で払った後、肌にふわり。ブラシを使うと、空気を含んだように軽く繊細な仕上がりに。

# 90

そろそろ秋支度！
肌はふんわりサラッと。
マットな質感は、厚化粧に見えがち。
マットなさらり肌は
濃い色を薄く重ねる事が鍵。



秋冬は服の素材がちょっとマットになるので、ツヤは抑えて、マットなさらり肌を合わせたほうがシックでおしゃれに見えます。ただし、パウダリーファンデーションは薄く塗っても厚化粧に見えがちなので、色の濃さはリキッドより濃い目が必須。量もリキッドよりかなり薄ーく、軽ーくするイメージでね。

# 91

ファンデーションがボロボロとよれてしまう
マスカラのカールがすぐにとれてしまう
という皆さん。

**美容液を仕込んでいませんか？**

よかれと仕込んだ美容液も
相性が悪いと逆効果。



夜用美容液を間に挟むと、メイク崩れが早くなる傾向にあります。ベースメイク直前のスキンケアは、できるだけシンプルに。「ジャスト保湿」くらいがいいと思います。

# 92

メイク崩れのする
小鼻まわり、目まわり。
いかに薄くメイクするかがポイント!
気になるからと、厚塗りすると
崩れも早く、老けて見える。

# 93

リキッドファンデ後のお粉。
**ファンデ後、5~7分後に重ねるのがBEST。**
肌によりなじんで、自然な仕上がりになるよ。

B

A

A. 肌にふわっと、溶け込むようになじむ極上の微粒子タイプ。ひと塗りで、キメ細かく透明感のある肌に。マ プードル ¥5000／ブランエトワール　B. エアリーなつけ心地。大気汚染などの悪環境から肌を守る効果も。ディオールスキンヌード エアー ルース パウダー 010 ¥6500／パルファン・クリスチャン・ディオール

# 94

## チークを、顔の外側斜めに入れる。
## 呼び名➡女子プロチーク。

頬骨の下側に沿って激しく斜めに入れているチークは、ともすると無駄な影のように見えてしまって、怖いor強そうな印象に。時代的にも合ってない入れ方なので、古臭い感じにも……。

# 95

チークはあなたを。
可愛くも不細工にもする。気をつけて。
チークは、上手く味方につけなきゃ、
敵になるよね。

**悪魔にも、天使にもなるのが、チーク♥**

チークを味方につける入れ方は、目の下&鼻の脇から指1本ぶん、こめかみから指2本ぶんあけた範囲内の頬に、チークをおさめるのが基本。そのポイントを押さえたうえで、頬の真ん中を濃くしたり、頬骨高めに発色させたりと自分の好みにアレンジを。

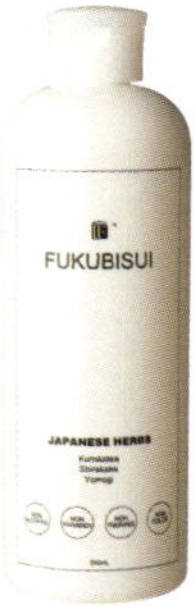


**肌が揺らぐこの時期は、
シンプルな保湿が最適ね！
量も多いし、評判高いよ！**

## フクビスイ

ヨモギ、クマザサ、シラカバ樹液などの消炎作用のある成分を濃縮配合。ニキビ、日焼け、肌荒れなど、トラブル時にこそ頼れる全身用ローション。福美水 500mL ¥3400／福美人

From Masaru To Readers

# MAKE-UP column 2



**美髪も美肌も頭皮から。
健やかな頭皮を育むエッセンス**

## ジョジアンヌ ロールの スキャルプエッセンス

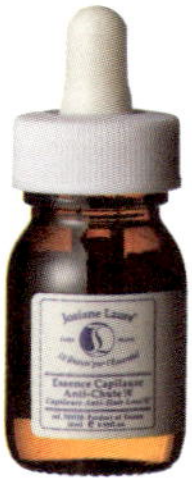

抜け毛、フケ、かゆみ防止に最強。血流を促し、血液によって栄養を毛根へ届けるので育毛の基礎ケアにも最適。エッセンス キャピロールAC 28mL ¥8400／ジョジアンヌ ロール

B

A

プラセンタ以上のコラーゲン生成力。
抗酸化力はビタミンCの170倍！

## フラーレン入りコスメ。フェリーチェ・トワコのクリームとジュディシュプリの美容液

A. 強力な抗酸化効果を持った「フラーレン」を規定値以上配合した若い肌への最新鋭クリーム。FTC パーフェクト ラジカル ケア クリーム／ザ・トワコイズム プレミアム 50g ¥16000／フェリーチェトワコ コスメ
B. 「フラーレン」と、従来の誘導体の約 100倍の浸透力で真皮へ運ばれる「APPS」を合体。ジュディシュプリ JSクリーム 35g ¥15000／ドクタープロダクツ

この前、ブログで書いたね、
AVEDAのスクラブ、購入された方から
嬉しい報告がゾクゾク！

## アヴェダのボディスクラブ

クリーミィなテクスチャーに混ざった顆粒状のクルミの殻が、肌表面の不要な角質を除去。なめらかな肌へ洗いあげる。ラベンダーなどのアロマの香りも癒される。スムージングボディ ポリッシュ 234g ¥3200／アヴェダ

ここぞという時に

## ラ・プレリーのクリーム

希少価値の高いプラチナを生かした、ハリを高める高機能品。光拡散成分によってもたらされる速効的なツヤと輝きも絶品。クリーム P.Tレア 30mL ¥83100／ラ・プレリー



最近は、ローズドマラケシュの
アルガンオイル

## ローズドマラケシュのオイル

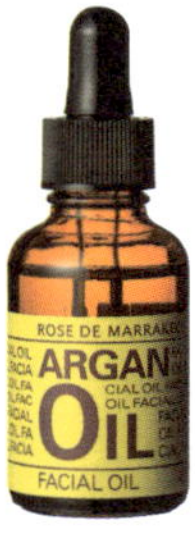


希少なアルガンツリーの果実種子から抽出した、ビタミンEが豊富で栄養価の高いオイル。ローズド マラケシュ アルガンオイル 30mL ¥3400／ジェイ・シー・ビー・ジャポン

# 96

［ポイントメイク］

アイラインがまぶたにつく人は、ラインが太い！
という事。
アイラインが下ににじむ人は、涙袋が大きい、
または、まぶたが重なっている人。
入れる位置を目尻にするか、
またはアイライナーを替えてみて！



下まぶたににじむ原因はアイラインだけでなく、マスカラの場合もあります。アイラインだけの日、あるいはマスカラだけの日を作って、どちらがにじみの原因になっているかを知りましょう。そして、原因となっているほうの商品を替えてみるのが、いちばん早いにじみ防止の解決策です。

水・汗・皮脂に強く、にじみにくいのに、ぬるま湯で素早くオフできる高機能リキッド。濃すぎず明るすぎず、自然な深みが出る色も絶妙。マッハ ライナー.ダークブラウン ¥2400／ブランエトワール

# 97

# アイシャドウは、指塗りがいちばん！
## キワは、資生堂のチップで！



指って本当に優秀なメイクツール。アイシャドウのなじみも断然よく、粉落ちもかなり防げますよ！ 資生堂のアイシャドウチップは、粉含み、まぶたへの当たり感、形状など、すべてにおいて完璧！

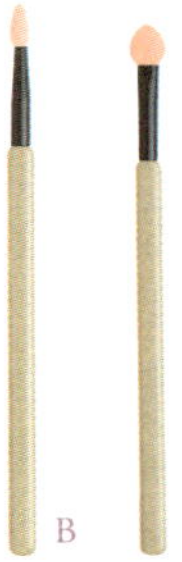


A. まぶたの自然な丸みにフィットする形状で、美容のプロたちが絶賛する超名品。アイカラーチップ・太 202　B. 目のキワなど、細部の仕上げ時に活躍。アイカラーチップ・細 201 各¥800／資生堂

98

# みんな、シャドウが濃いから。**アイラインの可能性に気づいてないね。**



アイシャドウを濃くするのは、デカ目効果とイコールではないからね。デカ目効果は、マスカラとラインで頑張るのがいちばんだよ。目を大きく見せたい時にアイシャドウを頑張る！　という方が多いように思いますが、大切なのは、目のヨコ幅を出すアイラインと、タテ幅を出すマスカラの2つで目の大きさを作って、アイシャドウで陰影感と雰囲気を演出する、という意識。ラインの可能性を最大限に引き出すシンプルなシャドウメイクも味方につけてね！

# 99

# アイラインだけで……顔は七変化する！「七変化ライン」。

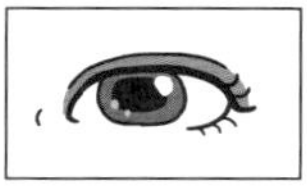
目の形どおり

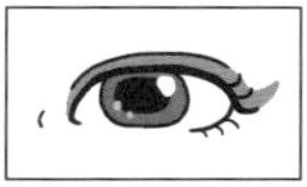
目尻ハネ上げ

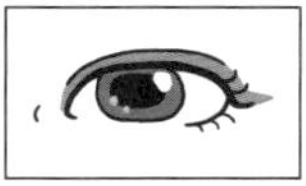
平行目尻

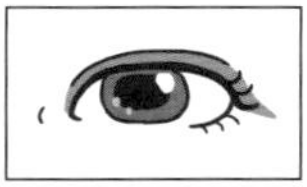
タレ目風目尻

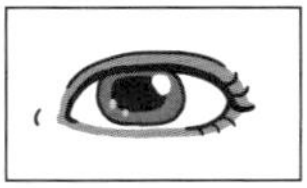
囲みライン

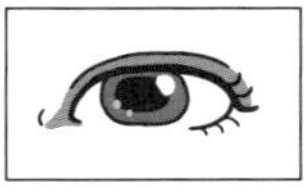
目頭切開風ライン

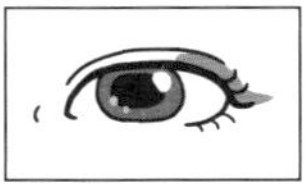
ハーフライン

# 100

# まぶたや涙袋が大きい人は、パウダーで目の下をカバーしておくとよいですよ。



まぶたが重めの人や、涙袋が大きい人は、アイメイクがにじみがち。アイライナーやマスカラの前に、あらかじめプレストorルーセントパウダーを軽くたたいておくと、液体がつきにくくなります。ちなみに、皮脂でアイライナーがにじむ人はお湯落ちタイプを、汗で落ちる人はウォータープルーフタイプが最適。

# 101

# 女は目まわり5ミリで決まる！



目まわり5ミリをどう仕上げるかで、顔の印象は変わります。色モノだけでなく、ベースでも変わるので、ファンデの量、コンシーラーの量ｅｔｃ．で、より慎重に作ろう。

# 102

左右非対称な目を
メイクでバランスをとる時に
気をつけなければならないのは
大きいほうの目を軽くする事。



バランスを整える時は、どちらかに合わせなきゃいけないんだけど、大きいほうに合わせるとすごく大変だし、不自然になるから、小さいほうの目に大きいほうを合わせよう。まつ毛の角度、シャドウの分量を、大きいほうの目は少なめにするとかね。

# 103

アイシャドウをシンプルに仕上げてみる。
まぶたに見えるのは濃厚なグラデーションではなく
「素まぶた感」のある優しい煌めき!
たくさんのパールを重ねると
目は小粒に見えてしまう。
**そして昔流行ったパールシャドウのグラデーションは、**
**あなたを老けた印象に見せるので要注意を!**

B

A

A. まぶたの皮膚感をなめらかに明るく見せる、ほんのり黄みのあるマット系ベージュ。ザ アイシャドウ 028 ¥2000／アディクション ビューティ　B. ごく繊細な光を放つベージュ。まぶたに自然な立体感が。ルナソル ライティングアイズ 07 ¥2500／カネボウ化粧品

# 104

## アイメイクを簡単に変えたい時。マスカラから、先にメイクを！



初めにマスカラを塗ると、目の可能性が見えるから、シャドウの量とかアイラインの長さとか、バランスがとりやすくなる。一度、バランスのとり方を覚えておくと、いつものメイク方法に戻した時も、うまくできるようになるよ！

# 105

下がりやすいまつ毛は、
乾かしながら塗るとよい！
時短はね、冷風ドライヤーで
下から乾かすテクニックを。

# 106

**眉毛は描いちゃダメ。**
**眉毛は作る、イメージ。**
田植えみたいにね。
眉頭の眉毛は、
アイブロウライナーで
一本一本描きます。
自然です。

眉は根元から一本一本、植え込むようにするのが鉄則。毛流れと同じ方向に作るのが基本なので、最初にスクリューブラシ等でとかしておくと毛流れが見えて、作りやすく。仕上げにブラッシングをすると、地眉となじんでより自然な印象に。

# 107

# 眉毛に、カラーマスカラ。実は、明るすぎる眉毛は肌がキレイに見えない！



眉毛はつややかで濃い色のほうが、実は肌がキレイに見えます。なぜかというと、肌とコントラストをつけたほうが、肌の美しさが際立つから。逆に、眉毛の色が肌色に近くなればなるほど、肌はくすんで見えるので注意。そして、眉マスカラを選ぶ時は、パール入りではないものを。肌が汚く見えるからね。

# 108

# アイブロウペンシルは、エレガンスが好き！

形も濃さも、思い通りに描ける極細芯タイプ。定着のいいマットな仕上がりでかすれにくく、色持ち抜群。アイブロウ スリム BR25 ¥3800／エレガンス コスメティックス

# 109

女性の密かな悩み、唇のくすみ。
年を重ねるとだんだん、
色がくすみ、ツヤがなくなります。
唇をポンポンするマッサージを続けると
血行もよくなり、くすみも少し改善されます。
マリップを塗ると、くすみ唇も血色唇に変身！

中指と人差し指で、唇表面を軽くポンポンとタッピングして、唇の血行を促進。唇の色は、血液の色が透けて見えているので、血行が促進されるこの方法で明るく感じられるように。

A. ちょっぴりピンクに色づくティント系。たっぷりの美容液成分により、使うごとに血色のいい唇に。マリップトゥインクル ¥2600　B. 唇の潤いに反応し、ほんのり色が変わる美容液。マリップ ¥2300／ブランエトワール

# 110

## クマは、デカ目に見せてくれるよ。完璧に消さなくてよい！



実は、皆さんの嫌いなクマには目を大きく見せてくれる効果があるのです。ファンデーションや、コンシーラーでキレイにカバーした時に、「あれっ！　目が小さい!!」と思った事はありませんか？　そう、目の下のクマや、目のまわりのくすみには陰影効果があるのです。ですから、クマや目まわりのくすみ消しは程よいバランスが大切です。僕は仕事の時、目まわりの5ミリは、あえてあまりカバーしないようにしていますよ。

# 111

アゴを3センチ上げて！
クマが消えた人は、
クマではなく影です。
メイクでカバーするのではなく、
悪い姿勢を正しましょう。



アゴを3センチ上げても消えなかった人はクマだから、メイクでカバーしましょう。

# 112

こんな暑い日は
のぼせ顔に見えるから、
チークはナシで。
赤リップを、指でチョンチョン塗り!!
チークはお休みなさいませ。



チークなしでも血色がよく見えている時、血色は唇に。メイクは、プラス・マイナスのバランスです。時に引く事で綺麗が生まれる事もある。

# 113

赤いリップを、
指先にほんの少しつけて
クチビルに塗ってなじませ、
リップクリームや、グロスで仕上げる。
**赤リップは、肌がキレイに見える！**
だから、ファンデ薄めで
崩れやすいこの季節は、
赤いリップがあなたの味方♥



赤リップには、目が大きく見える、美肌に見える、リフトアップして見える、くすみ感が消える……などなど、いろんな効果があるんです。赤リップは魔法の媚薬。

C　B　A

A. 日本女性に似合う、ピンクレッド系。パールレスのクリーミィマットな質感も美容効果絶大。ベルベットマットリップペンシル 2457N ¥3000／ナーズ ジャパン　B. 肌色を明るく引き立てる美人色。究極の赤。ルージュ ピュールクチュール No.1 ¥4000／イヴ・サンローラン・ボーテ　C. おしゃれな大人の洗練レッド。リップスティック ブレイブレッド ¥2900／M・A・C

最近、お気に入りの
安心歯磨き。

## フッ素無配合の歯磨き粉

ドイツのオーガニックショップ発。歯のエナメル層を守って、虫歯を防ぐ発泡剤、研磨剤、フッ素無配合。ロゴナ デイリーはみがき ペパーミント 75mL ¥600／ロゴナジャパン

From Masaru To Readers

# MAKE-UP column 3



久々に、代官山のLE LABOにて
キャンドル購入。

## サンタルという香りのキャンドル

貴族の香りと呼ばれる、スモーキー系。100%ソイワックス。ルラボ センティドキャンドル サンタル 26 ¥9000／ルラボ ジャパン

### 両親のサプリメント購入
### この数ヵ月、調子いいみたい!!
## プラセンタのサプリ

豚の300倍ものアミノ酸を含有する100%北海道産のサラブレッドプラセンタエキス配合。免疫力を高めるオメガ-3との組み合わせで、最強の美容&疲労回復効果! プラセンタ&オメガ-3 90粒入り ¥7200／かねろく製薬

### 旅の友
## トム・フォードとペンハリガンの香り

C

B

A

A. 上質なジャスミンの香りが響く。ジャスミン ルージュ オード パルファムスプレィ 50mL ¥25000／トム フォード ビューティ　B. みずみずしさが弾けるフローラルな香り。ペンハリガン オレンジ ブロッサム オードトワレ 100mL ¥22000　C. ブラックペッパーやローズが刺激的に溶け合う、洗練のスモーキーでエレガントな香り。同 オーパス 1870 オードトワレ 100mL ¥20500／ブルーベル・ジャパン

### 香水で、使い切るって
### 珍しい。大好き♥
## ジョー マローンの香水

"いい香りだね"といわれる秘密はみずみずしくも官能的な洋梨と、白いフリージアの豊潤な融合。コロン イングリッシュ ペアー & フリージア 100mL ¥15000／ジョー マローン

［コスメの選び方・使い方］

# 114

## 使用中、お肌に異常が現れた際はご使用をすぐにおやめください。



肌に違和感がある、肌がヒリヒリするって事は、肌が泣いてるって事。自分の肌と対話し、肌からのメッセージをきちんとキャッチする事が大切です。あと、基礎化粧品で肌が荒れた時、それは「好転反応」だっていう人がいるけれど、そんなことは基本、ありません！　内臓にアプローチする治療ならあるかもしれないけれど、本来、好転反応は自分で判断できないもの。肌の違和感は肌の叫び。その叫びをきちんと聞いて、使用をやめる勇気も必要です。

# 115

安い化粧品が、悪いわけではない！
よい商品もたくさんたくさんある。
大切なのは、
大人の女性の嗜み・意識として
ある程度の価格帯の化粧品に目を向けたり、
購入する意識は、美容にとても有効。
**美容意識は効果を変える力がある。**



ある程度の価格帯のコスメを購入し、効きそうって思いながら使うプラシーボ効果、その精神的なアプローチが結果、綺麗に繋がる事が多々ある。ブランドに関するポジティブな気持ちも美容効果のひとつ。安いものでも効果が期待できる人はそれでいいと思うし、パッケージが可愛くて気分が上がるなら、そういう選び方もありだと思う。とにかく、好きなブランドを使って、好きなお手入れ、好きなメイクをする。「好き」というポジティブな気持ちこそ、美容にはとても大事。

# 116

コスメフロアーに行って
コスメ買っても
努力しなきゃ始まらない。
努力しないなら
うだうだ言ってはいけない!!
（自問自答はＯＫ）



注：この場合の「努力」とは、頑張る事だけじゃなく、試すことも含む。

# 117

汚いアイラッシュカーラーには……
雑菌が増殖。
まつ毛が抜ける原因！
アイラッシュカーラーは、
いつもキレイに！



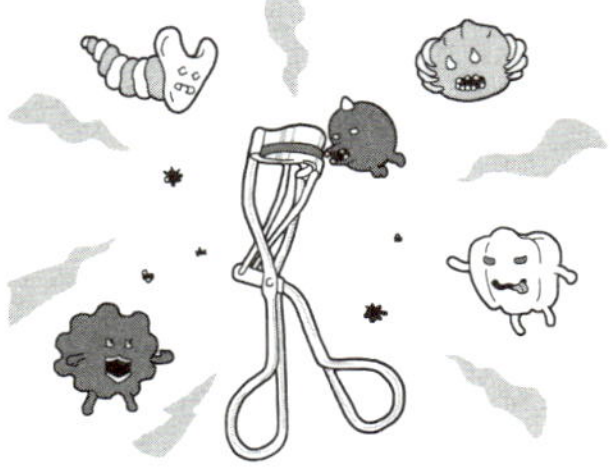

メイク汚れや皮脂が蓄積しないよう、一回使用するごとに、きちんとティッシュで汚れを拭き取る事。汚れがひどい時などは、アルコールを含ませたコットンなどでお手入れするのも大事。

# 118

ポーチの中のお化粧道具、
ぜんぶ出して
無水エタノールでお掃除。
レッツ・スタート！



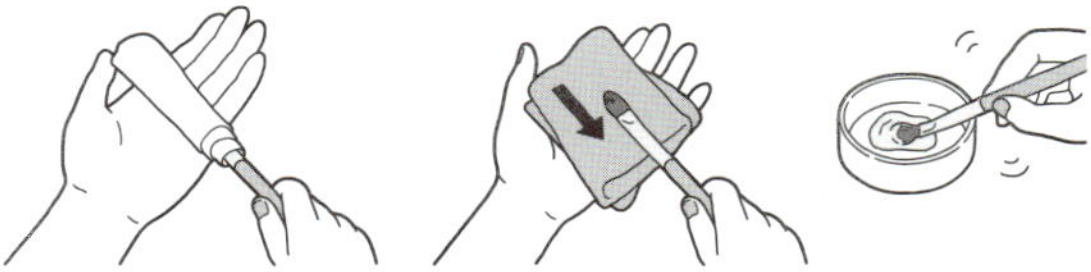

ブラシ類は、薬局などに売っている「無水エタノール」を入れたカップで洗浄。カップに汚れが溶け出したらブラシを取り出し、ティッシュかタオルで拭いた後、新しいティッシュに巻いておく。濡れたまま放置すると毛がバサッと広がってしまうので、乾くまで必ず固定。汚れたポーチも無水エタノールを含ませたコットンで拭き取り掃除を。

綺麗なメークは綺麗な道具から‼

From Masaru To Readers

## MAKE-UP column 4

**Q やっぱり高いものはよいですか？**

**A** 高い、安いより
1.テクスチャー
2.成分、効果
3.満足度
これが大切

**Q 学生でもできる範囲のお手入れを知りたいです**

**A** 若い時に大切な事は、
日焼けしない、ニキビをつぶさない、
あとはシンプルな洗顔と保湿。
あっ！　お菓子を食べるのも控えましょう！

**Q マサルさん！　マサルさんがこれはたぶん一生使い続ける！って思う化粧品とかスキンケアアイテムはありますか？**

**A** 恋人と同じですね。
一生と誓っても……分からない

**Q よく女優さんのメイクを手掛けていらっしゃいますよね！メイクのコツとか教えてください**

**A** メイクする時、可愛くなれーっ！
キレイになれーっ！
って念じながらメイクします

これは、僕にとってはもう当たり前のこと。メイクアップアーティストは、他人の人生を変える仕事。顔はいちばんの看板。強い影響力があるので、覚悟をもってやらないとって僕は思ってます。みんなもそのくらいの意識をもってメイクすると、人生が変わると思うよ。

## 「ブランエトワール」～濱田マサルの美容哲学～

**――なぜ「ブランエトワール」を立ち上げようと思ったのですか？**

第一には、自分の居場所、存在する場所をきちんと作りたかったからですね。僕が美容業界に入ったのは19歳の時で、アシスタントを経て、フリーのヘアメイクアップアーティストとしてデビューしたのが、23歳の終わり頃。早い段階で独立して、早い段階でいいお仕事をもらうようになって、いろいろな経験をさせてもらいました。一方で、毎日毎日撮影をこなすその状況が、40歳、50歳になってもできるのかな、という事が、常に僕の中での課題でした。

**――その課題の理由というのは？**

もともと僕はすごくこだわりが強いので、人とぶつかる事も多いんです。でもそれは、いい作品を作るための大切な過程だと思うし、僕にとっては、コミュニケーションのひとつだと捉えているんです。だから、自分の意見を主張する人は大好き。むしろ、意見や主張がない人とは、ひとつの作品を作るうえで共存しにくいとも思っています。でも、段々と自分の生活、性質を引きで見るようになってきて、人とぶつからず、迷惑をかけずに何かを成し遂げようと思ったら、僕自身が完全に納得して自己完結できる場所を作ったほうがいい、と思うようになったんです。それで、自分の表現したい事をデザインして作る、一人で成立できる場所として、まずはアトリエをスタートしました。

**——撮影の打ち合わせや創作活動をするアトリエは、コスメを発信するブランド「ブランエトワール」の前身でもあるわけですね。**

僕のオリジナリティを追求した時、それは美容に対する理論や物作りにある、という結論に達したんです。その考えは今「ブランエトワール」で生かされているし、僕自身も生かされている。だからこそ、そこで評価されたら嬉しいなっていう気持ちもあります。

**――ブランドを起こすと決めたら即実行し、たちまち話題を集めて、わずかの間に日本各地に店舗を増やしている濱田さんは、掲げた目標を着実にクリアしている印象です。**

そう見えるのだとすると、その理由は、僕が全く見返りを求めていないからだと思います。今も年商をいくらにしたいとかいう願望もないし、そもそもお金儲けをしたいと思った事もないし。月収6万のアシスタント時代も、自炊してやりくりする事自体を楽しんだりしていました。順応性があるんだと思います。

**――コレと決めた事に突き進む、バイタリティもありますよね。**

それも、やっぱり基本、無欲だからだと思いますね。仕事以外の事にはあまり関心がないというか、毎日こなす課題が多すぎて、それに向かって走るしかないというか……。日々、生きる事に集中しているという感じです。

**――撮影中心の生活に加えて、ブランドやショップの経営者という顔**

**も持つようになって、何か変化した事はありますか？**

今までいろんな人たちと揉めたりして、後悔した事がたくさんあります。それが経験値として生かされていると思っています。ムダに怒らないとか、回答をすぐに求めず、1日、2日と様子を見るとか。自分の考えだけで統一するのではなく、相手の意見も必ず聞いてみるという事もそうですね。人とコミュニケーションを取る時に違和感を覚えた事があったからこそ、人の意見に対して「なるほどな、そういう考え方もあるんだ」って思えるようになりました。いろんな意見があって当たり前だからって、アトリエやショップのスタッフにも話しています。

**——「ブランエトワール」のコスメにも、これまでの経験が生かされていますか？**

僕の中でのコスメ作りは、ヘアメイクとして関わる雑誌のページ作りと一緒。時代を反映して、こういう色を使ったらキレイになれると思うよっていう、僕からの提案なんです。僕は需要と供給のバランス、つまり使い手と送り手のバランスが取れていないものは、存在する意味がないと思っています。ブランエトワールは、そういうブランド。今の女性のニーズに合っていて、でもありそうでなかった、というコスメを提案するブランドなんです。

**――濱田さんのメイクを体現できるという声も多く、使うだけでキレイになれる、気分がアガると評判ですよね。**

やっぱりいちばん大事なのは、メイクをする事でウキウキする、アガるっていう精神的なアプローチだと思うんです。その先に、人から褒められるという喜びと、自意識が上がって美意識が高まる、という効果があります。キレイになったと自分自身で思う事も大切だけど、人から褒められた時のほうが絶対、気分はアガるでしょう?「ブランエトワール」は自己満足を超えて、人からの評価も上がる、褒められる自分になるコスメになればいいなと思っています。「白い星」という意味のネーミングに託したように、すべての女性に星のように美しく輝いてもらえたら嬉しいです。

# *about* blanche étoile

## マスカラ

### ブランエトワールのこだわりの起源

A. 少量でカールをキープし、ロング&ボリュームアップ。お湯落ちタイプ。マサル マスカラベース ¥2500　B. 記念すべきブランド第一弾。濃密ツヤ黒の美しさにリピーターが絶えない逸品。マサル マスカラ ブラック　C. 目元に深みを出すシックな焦げ茶。同 ディープブラウン　D. 瞳に外国人風ニュアンスを添える落ち着いた青。同 ネイビーブルー 以上各¥3200

## アイライナー

### 描きやすさも色も<br>徹底追求した高機能品

太くも細くも、思いのままに描けるコシのあるブラシが絶品。重ねるほどに深く濃くなる発色で、目元の印象自由自在。マッハ ライナー. ダークブラウン ¥2400

## リップ

### 塗るだけで変わる<br>変化の魔法を楽しんで

A. 唇の潤いに反応して色が微妙に変わる美容液リップ。塗るだけで可愛くなれると大評判。マ リップ ¥2300　B. 美容液リップ微細パール入りバージョン。光と潤い効果で唇ふっくら。同 トゥインクル ¥2600

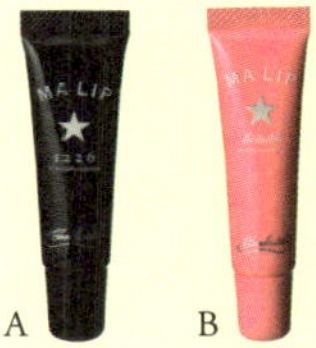


## チーク&リップ

### 頬と唇のおしゃれコーデを<br>1点で!

A. チークをリップに使っていた発想から誕生。頬と唇の色を揃える事で簡単に可愛く。しかもおしゃれな顔になれる！　マ キッスマイル ラブパンチ　B. フレッシュでヘルシーな印象に。同 トマト オレンジ 各¥3200

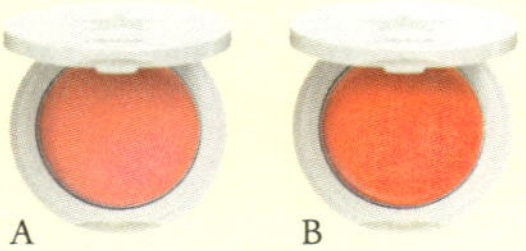


## ベース

### "肌がキレイに見えないと意味がない"を体現

A. アーティストとしてのこだわりが詰まったベースアイテム。下地は赤み、くすみなどの色ムラ、毛穴をカバーし、ハリのある印象に見せる傑作! SPF20/PA++。マ ベース¥3600　B. 同じく美肌仕上げを追求したフェイスパウダー。軽くなじんで、透明感のある肌に。マ プードル ¥5000

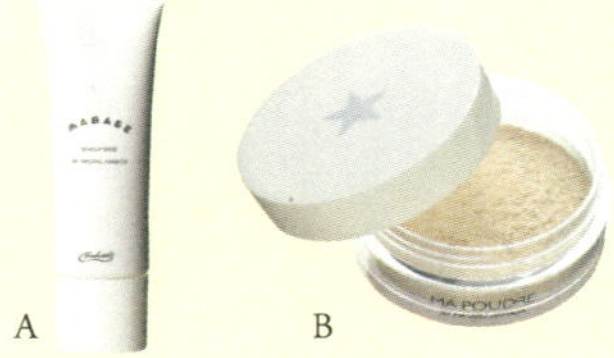

# 第3章

# ヘアケア・ボディケア

# 119

お風呂上がりに肌を保湿する事と
お風呂上がりに髪を乾かす事は
同じくらい大切。
**髪は、濡れている状態が**
**いちばん傷むのです。**

B

A

A. 椿油本来の浸透性や保湿力、有効成分がそのまま生きる“生搾り製法”で作られた、日本人の髪質と相性がいい高純度の名品。黒ばら純椿油 47mL ¥800／黒ばら本舗　B. ダメージヘアに輝くようなツヤを与える、洗い流さないトリートメント。ブリリアント エモリエント セラム 75mL ¥3200／アヴェダ

# 120

頭皮マッサージ。
毎日2分できたら上等。
特に寒い冬の頭皮は、血行不良で
乾燥または、皮脂過多になります。
お風呂での頭皮マッサージで血行促進を！

熊手のように指を開いて、指の腹を頭皮に密着させる。そのまま頭皮を動かす感覚で、耳まわりから後頭部、さらには頭頂部へと少しずつ移動させていく。その際、頭皮をこすらず、揺り動かすようなイメージで行って。心地いいくらいの力加減で行う事が大切。

# 121

髪の毛を乾かさないで寝ると
頭皮に雑菌繁殖！
頭皮詰まり、頭皮臭の原因になる！
**洗ったら乾かすという、**
**最低限のシンプルケアが**
**最高の環境を生み出す。**
日々の習慣から綺麗は生まれる。



洗ったら、乾かす。そんなシンプルなお手入れくらいしておかないと、健康な髪は保てないよ！

# 122

頭皮ディープクレンジング法。

月に1回くらい、入浴前に、乾いた頭皮にオイルクレンジング（顔用のメイク落としで）。

頭皮全体にオイルをつけ、
よーく指の腹でマッサージ。

時々、指先で頭皮をつまむように！

あとは、しっかり洗い流す！

もっと毛穴からさっぱりしたい時は
入浴しながらマッサージ！

スペシャルなディープ洗浄には、皮脂や汚れを落とす力が高く、かつ保湿力のある顔用のクレンジングオイルを応用。
マイルドクレンジング オイル 120mL ¥1700／ファンケル

# 123

皆さん！
頭皮ケアは、スキンケア！
頭皮のたるみは、お顔のたるみ!!
頭皮の赤みは、お顔のくすみ!!



顔と頭皮は、一枚の皮で繋がっています。頭皮ケアを意識する事が、くすみやたるみなどを防ぎ、顔のエイジングケアにも繋がります。

# 124

## 頭皮が脂まみれでは
## **頭皮がおじさんになりますヨ。**



頭皮の毛穴は顔より多いから、皮脂ケアはきちんとね。洗いすぎなどで頭皮が乾燥している人も意外といるので、そんな人は洗浄剤を替えてみてもいいし、頭皮用の美容液で保湿を取り入れてみても！　特に抜け毛の増えやすい季節の変わり目は気をつけよう。

頭皮をクリーンにし、毛根をトリートメントする週に1回の集中ケア。髪の成長促進にも。ローランド マイクロスティミュレイティング ヘアバス 300mL ¥3200／アラミック

# 125

# このクレイシャンプーはよい！クレイ好きにはたまらない。

頭皮の毛穴に詰まった汚れや皮脂をしっかり吸着、除去するガスールクレイ配合。ノンシリコンタイプ。ローズド マラケシュ クレイシャンプー 200g ¥2200／ジェイ・シー・ビー・ジャポン

# 126

夏のボワつく髪の毛を乾かす時。
半乾きになるまでは、ドライヤーの風を下から上へ。
半乾きになったら上から下へ。

**根元から乾かす**
**↓**
**中間から毛先**
**↓**
**表面にツヤを出す**
(髪に平行にドライヤー)

上から下へ、髪に平行に!



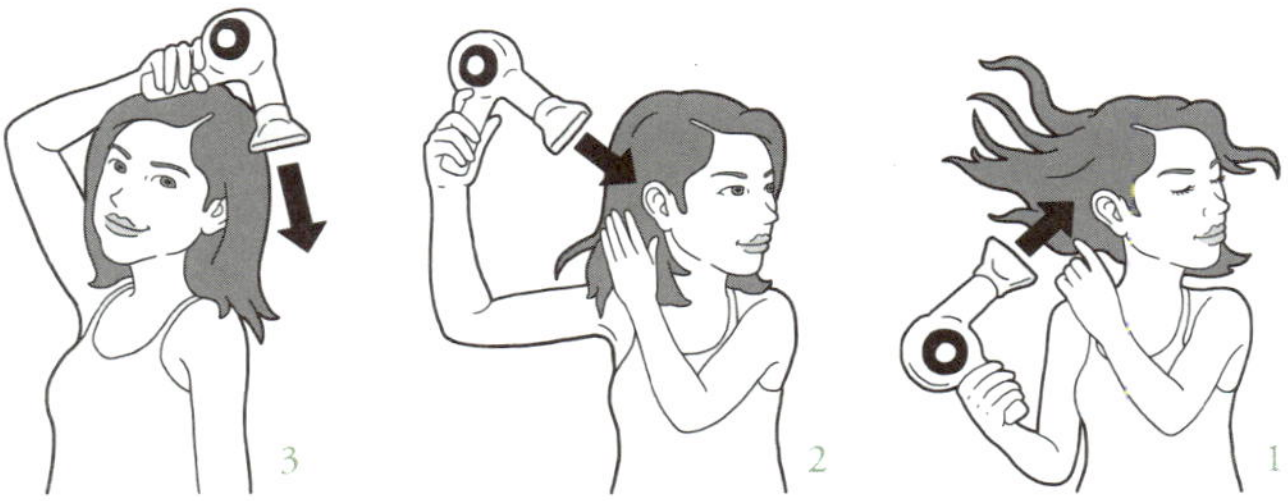

# 127

頭皮の疲れが出やすい夏。
女性も男性も!
髪の汚れより、頭皮汚れに注意しましょう。

**頭皮の汚れは、**
**① 臭いの元**
**② 抜け毛の元**
**③ 顔のたるみ、くすみの元**



A. 配合のシリカとクレイ、国産の米粉が頭皮の不要物を吸着し、しっかり固めてオフする本格派。ユメドリーミング エピキュリアン ヘアクレンジングクレイ 280mL ¥6000/ツィギー　B. 抜け毛や臭いの原因となる毛穴に詰まった酸化皮脂をしっかり除去。ヘルシンキフォーミュラ スカルプシャンプー 240mL ¥3600/パントロン・ワン　C. 1回目は全体的に、2回目は頭皮中心にマッサージ。二度洗いでスッと頭が軽くなるほどリフレッシュ。シャンポワン オーザルク 200mL ¥4200/ジョジアンヌロール

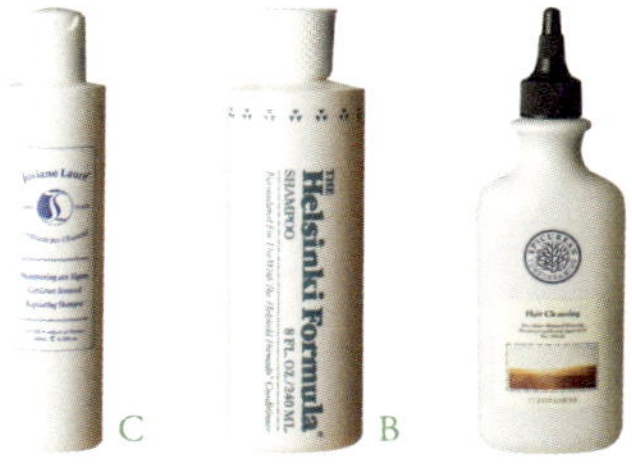

C　B　A

# 128

## シリコンがないと……仕上がりに満足できない。シリコンが悪い！という先入観は卒業しましょう。



何事もそうですが、先入観に左右されすぎると見失ってしまうものもある。シリコンでいえば、あるかなしかに固執する以前に、自分の好みの仕上がりになる、満足できる髪になる事が、もっとも大切だと思います。

［髪型ほか］

# 129

## 顔と、髪型。合っていない人、かなり、多い。



髪の長さは身長とのバランス、顔とのバランス。だから、全身が映る鏡できちんとチェックしよう。新しい自分にリニューアルしたい時は、美容師さんを替えるのも手！　自分の趣味に合う美容師さんとの出会いも、似合う髪型を実現する近道。

# 130

# 髪の毛がキレイな人。美人度30パーセントUP！



「あの人、キレイだよね」と言われる女の人の髪って、絶対キレイ。髪がキレイじゃないと美人は成立しないと思う。だから、メイクを頑張ると同時に、髪型やヘアケアにもっと関心を。ふたつ合わさると、大きな変化が生まれます。

# 131

メイクだけでなく、
髪の毛も、そろそろきちんとケア！
**美髪は、美肌とリンクする。**
髪のツヤは、肌のツヤを引き立てる。
大人キレイは、ニュアンスよりツヤ。
髪も肌も。ツヤが大切ね。



髪の毛は顔のフレームだから、顔まわりの髪にツヤがあると、肌もキレイに見える。すべてはツヤ。ツヤをどう調整するかだと思う。特に秋冬は外気が乾燥している季節。髪は乾きやすくなって、ツヤが失われがち。一年でいちばん乾燥ケアに気を配るべき！

# 132

## 粘膜の潤いと、毛のツヤは!!
## 美人度に比例する。

**粘膜➡目、唇**
**毛➡まつ毛、眉毛、髪の毛**



潤っているべきところが潤っているという基本的な事が、日本女性にとってとても肝心な事。乾燥傾向のヨーロッパなどとは異なり、湿度のあるアジアでは質感重視という美意識が遺伝子レベルで根づいています。特に、大切なのは細部まで気を配る事。粘膜である目と唇には潤いを。毛には健康的なツヤがある事で美しさは倍増します。

# 133

# 「髪の毛のニュアンス出して外国人風」、それで美人に見える人なんて……ほんと、奇跡。



海外セレブのようなニュアンスヘアって、憧れますよね。ですが、日本人の毛質で、あのニュアンスを出すのは至難の技！　髪の毛の質、色の違い、そして湿度が大きな理由。実は、日本女性には海外のセレブも憧れる「ツヤ」があります。そのツヤを生かしたスタイルがいちばん美しく見えるのです。

# 134

## 湿度高めな日は、スッキリ髪をまとめて。じめっと肌にからみつく髪の毛は暑苦しく、美しくない。



肌にぺったり髪の毛がくっついていると暑苦しく、清潔感が失われがちです。特に湿度の高い日は、フェイスラインの髪やえり足の後れ毛は、すっきりまとめたほうが美しく見えます。

## Q 毎日洗うのは髪によいですか？

## A 清潔に保つ事が大切ですね！

洗い方、使っている洗浄剤にもよります。ひとつ言えるのは「やりすぎ注意、やらなすぎ注意」という、難しいバランス。いちばん大事なのは、血行をよくする事。頭皮、つま先、指先、頭頂部……末端までいかに血行よくするかが美しさと健康のためには必要。

From Masaru To Readers

HAIR & BODY CARE column 1



## Q 髪の毛のぱさぱさが直らないです……ヘアオイルをつけてもあんまり効果がなくて

## A 濡れてる状態でつけなきゃダメだよ。

Q 濱田さーん！　髪質がとても柔らかくて細くて
コテで巻いても手グシでとれてしまいます、、、
アドバイスください！

A **コテで巻いた後、髪の毛が
冷めるまでは、ピンなどで
カールをキープして！**

髪の毛は、温度が下がったところで癖がつくからね。

Q 前髪を乾かしたりしたら、自然とドライヤーの風が
顔に当たって顔がカピカピに（涙）。
これ、夏の女子あるあるです

A **髪の毛は、温風と冷風を
交互に当てると早く乾きます！
時短テクニックで回避を！**

Q 私、よく顔がむくむんですが、
顔がむくんでいる時の対処法を教えてください

A **水分や塩分を、夜は控える！
うつ伏せ寝をやめる！**

むくむという人には、代謝が悪いという人も多いのです。
寝る時の湿度と温度の管理も大事。
代謝が下がらないように体を温かくする事。
湿度は50パーセント以上に！

# 135

［ボディケアの基本］

首のシワは、姿勢ジワ。
姿勢を正しましょう！
首にシワがある人。
姿勢悪いよ。

睡眠時の姿勢も、首のシワを作る一因になります。まず、枕の高さを見直してみましょう。寝た時に首にシワが寄らない高さが選択基準です。大きめのタオルで首まわりを包んでおくのも、首まわりにシワを寄せないひとつの方法。

# 136

**一瞬で女性がキレイに見えるには。**
**姿勢を正す事！**

猫背は顔に影ができるので
姿勢を正してね。
キレイな人って
姿勢がよい。



美人は姿勢でほぼ作られる！

# 137

猫背。
うつ向き。
ため息。

——不美人3大要素

# 138

# 一回1万円の整体も！3分足組みで、意味なし。「無意識足組み病」体の歪みは、運気も下がる。



どんなに高いエステや整体に行ったって、日頃の癖で台無しになる事も。特に、無意識にやりがちな「足組み」は体を歪ませるだけ！

# 139

ひじが黒ずんでる人。
頬杖をつく癖、直さないと。
テーブルにひじをつくのをやめないと。
絶対なくならないよ。



ひじやひざは毎日伸縮しているから、そのぶん、もともと皮膚も強くできている。それプラス、頻繁に摩擦を与え続けてしまうと、体を守ろうと肌がバリアして、どんどん硬くなっちゃうから、気をつけよう。

# 140

# かかとをいじめると グレちゃうよ。



かかとも他の肌と同じ。ナイロンタオルや軽石を使うと、摩擦によってくすんでしまうので避けましょう。お手入れには、アルカリ性のお塩がいちばん！ ただし、精製塩だと乾燥してしまうので、ミネラル含有量の多い「ぬちまーす」がオススメです。角質が溜まりすぎて肥厚が激しい人は、一度ネイルサロン等で除去してもらいましょう。

沖縄の海をそのまま結晶化したような塩は、ミネラルが豊富。スクラブ的に使えば、潤いを保ちながら足の角質ケアが可能。こちらは使いやすいミニサイズ。マイソルト 30g ¥429／ぬちまーす

# 141

# 体幹 体幹 体幹がキーワードだね。



体幹を意識して生活する事は、姿勢の美しさに繋がる。だから日々、体の中心を意識しながら生きる。同時に筋肉も鍛えられて、代謝のいい体にもなる。電車の中など、日常生活の中でこそ気をつけたいね。

# 142

一に呼吸
二に呼吸
三も四も呼吸！
**深呼吸はすべての基本。**
お値段0円。



呼吸はすべての源。人間が生きていくうえで絶対、必要不可欠なものであり、主なエネルギー。だから、その量が多いとすべてが美しくなり、健康になる可能性が広がる。現代人は呼吸が浅くなっていて、昔の人の1／3くらいと言われているそう。だからこそ意識的に深く呼吸を！深呼吸をちゃんとすると血流がよくなるので、脳にも血液や酸素がまわって、記憶力も集中力も上がるよ。ほら、呼吸浅くなっているでしょ？

# 143

寒い。曇り空。。

足元を温かくして
出勤！

足を温かくする事は
体全体の代謝アップに繋がる。

という事は！

「血色の悪い顔」

「紫くちびる」

「肌の乾燥」

などの対策としても有効。

# 144

## お風呂にお塩とお酒は最高!!

日本酒1ℓ、お塩1kgで
浄化入浴開始。

風呂釜は、お湯を落とした後に
お水でしっかり流せば大丈夫!

# 145

**夜のお風呂は、ジンワリぬるめ。
夜は、鎮静風呂を。
神経と肉体を癒やすと、
細胞がポジティブになります。**



お風呂からキレイは始まります。一日の汚れを落とす。一日の気を洗い流す。一日の筋肉の緊張をほぐす。一日一日、少し少しがとっても大切。冷え性の人が、熱いお風呂に入るのは逆に体を冷やしてしまう。じんわりヌクヌクくらいがＢＥＳＴ！　熱いお風呂は、肌も乾燥させるからね。

# 146

体が冷えた時や、疲れ切った時は、
薬膳風呂に入る。
体がとても温まる。



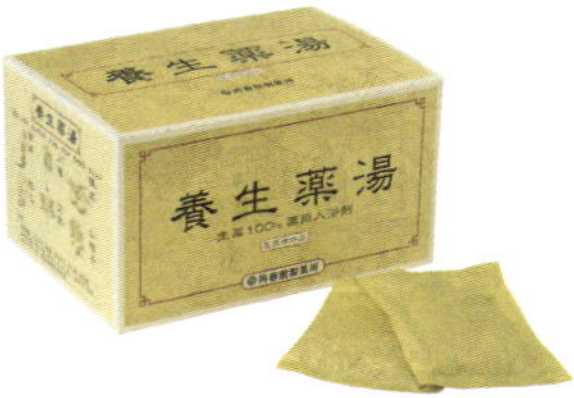


体の芯からポカポカし、お風呂上がりもその温かさが長く続く自然生薬100%の漢方薬用入浴剤。腰痛、肩こり、冷え性、疲労回復、肌荒れ、あせもなど数々のトラブルに作用。養生薬湯 20g×30包 ¥7000／再春館製薬所

# 147

喉が渇くから、水を飲む。
肌も同じ。
まさに！　お風呂上がりはその状態。
お風呂上がりの保湿がいちばん効果的。



保湿で大切なのは、肌が温まっている状態、肌が飢えている状態で水分を与える事。お風呂上がりは、血流もよくなっているので、肌が潤いをいちばん吸収しやすい時なんです。

# 148

男性ですが冷え性なんです。
つま先とか冷えてしまって。
だから自宅では、
フジカの「スマーティ・レッグホット」。
ちょっと高かったけど
本体も軽くて、
遠赤外線効果でめちゃくちゃ温かい!
かれこれ6年くらい愛用しています。



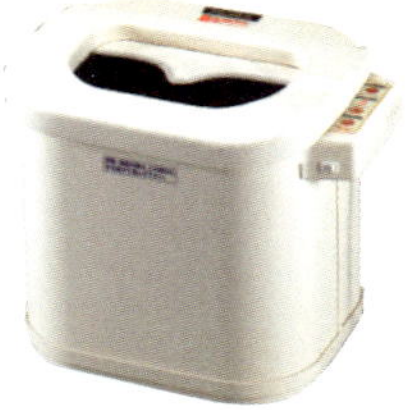

足のむくみや冷え、疲れの原因を徹底的に考えて開発。温熱効果に優れた炭の遠赤外線による細胞マッサージとも呼べる働きで、足先だけでなくふくらはぎまで効果的にアプローチ。全身の血行促進も。フジカ・スマーティ・レッグホット LH-2型 ¥59800/フジカ

［食・ダイエット］

# 149

朝は、白湯《さゆ》から始まる。
そして、深呼吸。



白湯が体に優しいという事は周知の事実。体温に近いものを体に入れる事で、体への代謝負担を防げます。冷たいお水や清涼飲料水などは内臓を冷やして代謝低下へと繋がり、さまざまな不調の元となります。飲み物の温度は体の免疫力への影響が高いのです。

# 150

# 腸美人は肌美人！

## 食物繊維と乳製品をうまく取り入れましょう！



僕は今、乳製品を控えているので、豆乳をヨーグルトのようにできるという、噂のブルマンヨーグルトを通販で購入。この「Aoyama-YC菌」は、腸まで元気に届くと言われています。

100％植物性乳酸菌の「Aoyama-YC菌」から作られる、豆乳で発酵するヨーグルト。生きて腸に届き、腸の中でも生き続けるので整腸作用抜群。ブルマンヨーグルト初回セット ¥7600／青山食品サービス

# 151

## 炭水化物はきちんと食べる。炭水化物は大切な栄養素。炭水化物は抜かないで。でも、気も抜かないで。



よく、白米＝炭水化物！って思って抜く人もいるけど、白米にはたんぱく質がすごくたくさん含まれているし、それ以外にも、水分、食物繊維、ビタミン$B_1$、$B_2$、ナトリウム、カリウム、カルシウム、鉄、亜鉛、銅などなど、たくさんの栄養素が含まれています。白米こそ、いちばん完璧な食材でもあります！

# 152

空腹時に考えるべき事。
それは
何を、どの順番で食べるか。



食事において大切な事は、食べる順番。味の濃いものや糖質、脂質は後回しにして、まずは薄い味つけの野菜からが理想。それぞれよく咀嚼し、胃に届く時に消化しやすくなっている事も大事。まるで修行僧（笑）。

# 153

## 太っている時、太っている人は、言い訳も、太っている。



痩せたい痩せたいと、話してるだけでは、痩せない。すべては自分次第！　決断行動が大切。

# 154

汗だくの夏より
凍える冬が、
痩せる季節。
脂肪燃焼のベストシーズンは
冬！
痩せたい人は
冬に運動を！



運動で大切な事は、いかに代謝を上げるかという事です。汗をかく夏がよい！と思われがちですが、運動して代謝を上げやすいのは断然、冬なんですよ！

# 155

体によいけど
消化の悪い玄米……
酵素玄米ですべてクリア！
酵素玄米専用炊飯器でね！



体によい栄養素のものを摂っても、消化が悪ければ胃に負担をかけてしまい、結果、意味がなくなってしまいます。いかに胃に負担をかけないように食事をするかが、人間にとってはとても大切。玄米は消化が悪いので、発酵玄米で消化を気にした摂り方を！

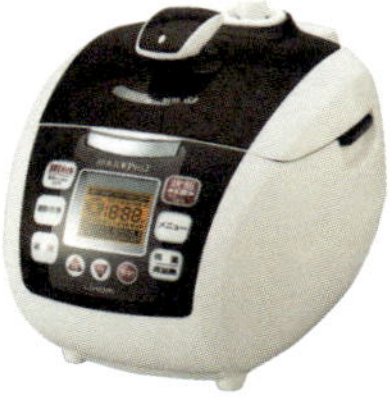

栄養たっぷり、もちもちの酵素玄米ご飯が約80分で。酵素玄米独自の炊飯&保温機能搭載。酵素玄米 Pro2 ¥60000/ふじ酵素玄米キッチン

# 156

楽して痩せたら
すぐに戻る。
「楽してキレイ」はない。

Q マサルさん、やっぱりお風呂は最低でも15分入らないとダメですかね??

# A 5分でもいいよ。2分でも！

## From Masaru To Readers
## HAIR & BODY CARE column 2



Q マチャ♪　お風呂の神様の話、もっと聞かせて☆

## A お風呂には、神様がいるよ。汚いお風呂には、いないみたい。だから、毎日。キュッキュッ！

お風呂は人間がいちばんリフレッシュするところ。汚れを落としてリセットしたり、英気を養ったり、人間がプラスに変わる事しかない場所。ある意味、パワースポットでもあるから神聖な空間だよね。

## Q 明日、整体に行くんですけど、整体の骨盤矯正でO脚って治るんですかね～??

## A 根本的に治療は、普段の姿勢！歩き方！　座り方！すべてを正す事！

治療とともに、生活習慣のさまざまな癖や姿勢を正す必要があります。

## Q マサルさんはサプリをどう思いますか?

## A サプリは、補助的に！メインは、バランスのとれた食事でね！

## Q マチャさんオススメの青山あたりの体によさそうなカフェやレストランってありますか?

## A ①クレヨンハウス、②シンシア・ガーデン、③HATAKEかなぁ

HATAKE AOYAMA●無農薬野菜や江戸野菜、漁港から毎朝届く鮮魚などを絶妙のバランスで組み合わせたメニュー。味で見た目で五感すべてを満足させてくれる。
港区南青山 5-7-2 B1
☎ 03-3498-0730
www.hatake-aoyama.com/

シンシア・ガーデン●ベジタリアンメニューにこだわった野菜たっぷりの食事は、ベーグルやスイーツ類もすべて自家製、卵・乳製品不使用。
港区北青山 3-5-4
青山高野ビル 2F
☎ 03-5775-7375
www.sincere-garden.com/

クレヨンハウス東京店 オーガニックレストラン「広場」●自社で所有する八百屋で作った、旬の有機農産物をふんだんに使ったランチバイキングが大人気(大人料金¥1500)。
港区北青山 3-8-15
☎ 03-3406-6409
www.crayonhouse.co.jp

[におい・ニキビほか]

# 157

足のにおいが気になる人へ。

**①毎日きちんと、足の裏、指の間を洗う。**
**(足の裏の角質溜まりも臭いの一因)**

**②毎日、同じ靴を履かない。**

**③お風呂上がり、足裏を乾かす。**

**④出かける前に、足裏にベビーパウダーをつけておく。**

夏も皆さま健やかに。

足の臭いは男性だけの問題ではない。ブーツやパンプスを長時間履いている女性は、特に気をつけて！　お顔は綺麗なのに、足は……　なんてね。

# 158

脇ボトックスは、
多汗症や、
脇の臭いに悩んでいる人に本当にオススメ。
真夏もサラサラ！
高いけど！

汗腺内の水分に反応し、汗腺深部に角栓を作って、72時間以上発汗抑制。パースピレックス 25mL ¥4600／ウォブクリニック中目黒

**「脇ボトックスとは」**

汗を出す「汗腺」に、ボトックスの成分・ボツリヌストキシンという神経や筋肉の働きを抑制する働きを持った注射をする施術。発汗を促す神経の働きをブロックする事で汗腺の働きが低下し、汗が止まるという仕組み。臭いの原因となる汗腺にもアプローチするので、汗の量とともに臭いを抑えるのも可能とされています。

# 159

春夏から、背中や胸に赤いポツポツができる人は、
皮脂や汗が原因の可能性大。

**⬇皮脂、汗が出たらこまめに濡れたタオルなどで拭く。**

**⬇ピーリング石鹸などを使う。**

**⬇汗や皮脂をつけたまま長時間放置しない。**
**こまめに下着を替える。**

**⬇ニキビの元ともいわれる糖質、脂質を控える。**

夏はいろいろ大変。

# 160

なかなか消えない、背中のニキビ跡。
普段のスキンケアで肌の角質ケアを。
重度なニキビ跡は美容皮膚科での治療を。

背中のニキビ、胸元や二の腕のブツブツ、脇やヒップの黒ずみなど、なかなか消えない悩みを塗るだけで改善できるボディ用角質ケアアイテム。ベタつきのないジェルテクスチャーで使用感も快適。タカミスキンピールボディ 220g ¥7778／タカミ

# 161

花粉の季節。
肌トラブルは付き物。
花粉による肌のトラブル対策は長期戦。
病院での処方薬・ナチュラルハーブ・漢方……
自分の好み・相性で取り入れましょう！



**「カモミール」**

刺激から肌を保護。抗炎症作用があり蒸気を吸うと鼻づまりが改善。

**「ネトル」**

含まれる成分・ヒスタミンに、花粉症などへの抗アレルギー作用が。

**「ミント」**

鎮静効果で知られるミント。抗菌効果もあり、肌荒れ防止にも一役。

**「エルダーフラワー」**

粘液を浄化し、呼吸器の気道を整え鼻炎などアレルギー症状を緩和。

# 162

重度の花粉症でした。
花粉の飛び出す頃、
体調の揺らぎも発生して
心身ともに参っていました。
西洋医学・民間療法。ツボ注射など
さまざまなものを取り入れました。
徹底した食事改善で、かなり穏やかになりましたが
根気強くの長期戦です。
皆さんにも
穏やかに過ごせる対処法が見つかりますように。



花粉症にはさまざまな治療法がありますが、短期間で即解決、というものはなかなかありません。僕の場合、お肉、乳製品、加工食品を控える事でかなり穏やかになっていますが、通常、簡単にできる事ではないようです。最低でも半年で少しずつ変化は出てくると思いますが、自分の生活に合ったお薬を取り入れる事も、対処法のひとつだと思います。

# 163

歯磨きフェチな僕。
歯磨きは時間をかけて、
歯ブラシを数本使い分けて。
大切なのは歯間!!
歯間スッキリ口内健康!



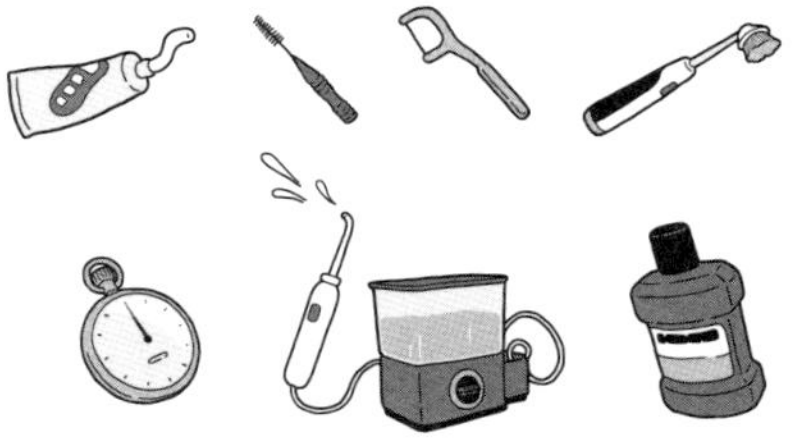

歯磨きは、1回につき5分以上かけて丁寧に。歯の表面は、馬毛の歯ブラシを使用。歯のくすみに繋がるブラッシング時の摩擦がナイロンより防げる感じで、透明感が上がってツルツルに。歯の間を歯間ブラシで洗浄した後、さらに「糸ようじ」ですみずみまで完璧に仕上げるのが基本。

# 164

## 夜の歯磨きはフッ素系！

すみずみまで行き渡るジェルで、フッ素と殺菌効果を最大限発揮。虫歯、歯周病を予防する。発泡剤・研磨剤無配合。コンクール ジェルコートF（医薬部外品）90g ¥1000／ウエルテック

# 165

# 口輪筋を意識して、口のまわりを鍛える。舌の位置を意識して、口の中を鍛える。この2点で！無敵のスッキリFACE。



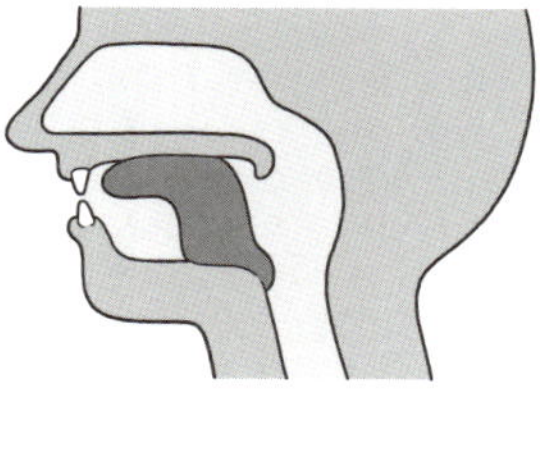

口輪筋と舌は、密接に関係しています。口輪筋のトレーニングで重要なのは、口の中での舌の位置。舌全体を上アゴにぴったり吸着させるのが正しい位置。その際、歯に舌をくっつけると前歯が出てしまうので注意して。舌で上アゴを持ち上げるような感じにすると簡単です。そして24時間、常にこの正しい位置でキープする癖をつけましょう。

# 166

寝る時に気を使うのは。

「部屋の湿度」

「顔の保湿」

「寝具の清潔さ」

これ大切。




肌を本当にキレイにしたい時のスキンケアとは、ただ化粧品を肌に塗る事ではないのです。スキンケアとは、肌を包む環境すべてなのです。人生における睡眠時間は約3分の1。その長い時間の環境を整える事は、とても大切な事なのです。

# 167

寝ている時のシワは危険。
シワのできない睡眠体勢を。
枕？　寝姿勢？
工夫してね！



普段の生活姿勢はいいのに、首や顔にシワがある！という皆さんに考えられるのが、寝姿勢の悪さです。そう！　寝相です。気になるところがシワにならないような工夫をする事。首のシワが気になる時は、大きなタオルを首に軽く巻いて寝てみて！シワって、要はストレッチジワがほとんどなので、シワができない時間をいかに作るかが大切です。

# 168

## 日本女性、7割。無意識口角下がり症。



さあ、皆さん、鏡を見てみて。口角、下がってるでしょう?表情は常の意識。無意識の意識が大切!!

# 第4章 美意識

［美人とは］

# 169

**美人とは、造形だけでなく**
**雰囲気が美しい人。**
そう、
メイクや髪型で雰囲気は作れる。
そこに、心が備われば完璧。



大人になるにつれ、雰囲気のキレイな人が美人になる。小学生の時に可愛かった子が、美人になるんじゃない。それまでに過ごしてきた人生、ライフスタイルがどんどんにじみ出て、貯金されて美人になる。美人は決してメイクだけで作れるものではない。メイクはバランスを整えるもの。その人が持っている美しさの可能性を最大限に広げる事はできるけれど、何個かある『美人を作る要素』のひとつでしかないと思う。それよりも姿勢や話し方、佇まい、仕草……といったレベルを上げていく努力をして、オリジナリティを磨く。そして何より品のある心と生活を心がけ、〝美人貯金〟をしましょう！

# 170

エステも行けない。
皮膚科も行けない。
高くていい化粧品も買えません。
安くて、いいものありますか？
という質問がよくあります。
基本、キレイになる事＝生活改善。
今の生活を変えるだけで
キレイになります。
キレイになる事は、
お金をかける事だけでは決してない。



生活を変えるという事は、たとえば、正しい食事や睡眠をとり、ストレスを溜めない精神生活を送る事。とはいえ、人間なんてストレスはあるものだし、マニュアル通りの完璧を目指さなくてもいいと思う。大切なのは、ストレスなどを抱えた時の対応能力をいかに身につけられるか。その術を知っているか知らないかで変わると思う。完璧を求めすぎると息が詰まるし、限界がくる。常に完璧は理想として考えておき、少し先の自分、ちょっと先の生活の目標をルールとして決めて、少し少し実践する事が大切だと思います。

# 171

# 美容に手間暇、お金をかける事はいちばん、裏切りのない投資です。



美容への投資ほど、確実に自分に見返りが戻ってくるものはありません。たとえば恋愛の場合、見返りなんて求めて投資した日には、思いが募るばかりで悲惨な結果に陥りがち。ほんの少しからでも、自分への投資を始めましょう！　美容は貴女を裏切りませんから。

# 172 コンプレックスは、キレイのタネ。



コンプレックスはキレイへの原動力であり、キレイの種だと思います。コンプレックスの数だけ、キレイになるチャンスがあるのです。キレイの種に気づいて、育てる事。このプロセスが大事。

# 173

## 安いものに慣れすぎるべからず。



安いもののよさを知るには、高いものも使ってみるのが大事。時にいいものに触れると、いいもののよさが分かる。それが分かると、安いものに戻った時に、そのよさも分かるようになる。大人になると、いいものはいい！　という考え方になって、判断基準が値段じゃなくなる。今のうちに、価格を超えていろんなものを試し、質を見極める目を磨いておく。それが将来のキレイに繋がると思います。

# 174

自分の顔とは、
我慢強く付き合う。
きちんと向き合い、
しっかり知る。
まずは、
好きなパーツをひとつ見つける事から始めよう。



自分の顔を知る事。自分自身の魅力に気づき、それを生かすには、今の自分を自分自身が知る事が大切。いろいろな角度、さまざまな光の中で、今の自分を見つめ、正しく知る。そうすると次の目標ができ、その目標を実現するための対策が生まれる。結果、隠すのではなく、パーツを生かす、つまり自分を生かすメイクがわかる。

# 175

明日の、運気を上げたいあなた♥
恋愛運UPは、今からポーチ掃除。
仕事運UPは、お風呂で足の裏掃除。



エネルギーは足裏から入るので、運気を上げたい時は足裏磨きを！　足だけでなく、靴もキレイに磨いて、大地から入るエネルギーが頭に抜けるイメージで生活すれば、なおさら運気アップ。

# 176

昨日よりもっとキレイになりたい。
昨日よりもっと変わりたい
そんな時は
順番を変える。



スキンケアなら美容液から塗って化粧水→クリームにしてみたりとか、メイクだったらアイラインから始めたり、リップから塗ったり。普段と順番を変えると、ムダな事が見えてくる。スキンケアやメイクにおける断捨離っていうのは、ムダな工程をなくすという事。そうすると、自分にとって必要なもの、求めているものが見えてきます。

# 177

Ａ・年齢を受け入れながら
美しく生きる人は、ひたすら保湿を！
Ｂ・年齢を程よくカモフラージュしながら
美しく生きたい人は、美容液や美容成分入りの化粧品選びを！
Ｃ・年齢を感じたくない！
時間よ止まれ！　タイプの人は美容皮膚科へ！
皆さんはＡＢＣ、どのタイプ？

# 178

キレイになりたい
可愛くなりたい
そんな時。
依存に気づき
依存から卒業しなければいけない。
自分で自分を変える。
そんな秋にしてほしい。
秋は、キレイの季節。



自分の眉は、こうじゃなきゃいけない。自分の肌は、こうじゃなきゃいけない。そんな「自分主義」に固執し、今の自分の顔とかメイクのやり方、すべてにこだわっていると何も変われない。だから一度、昔（今）の自分を卒業してみよう。一回、転校するくらいでもいい。また戻ってきてもいいから、今の自分から離れてみよう。

# 179

# 目が大きな人は二度見しない。けど、肌がキレイな人は二度見する。



結果、肌が綺麗な人というのが美しさの記憶に残るのだと思う。年齢関係なく、時代関係なく。記憶に残る美人は「肌美人」である

# 180

鏡で顔見てる？
一日何回見てる？　一日何分見てる？
鏡での自分チェックは、
自意識を上げる大切な儀式。
年齢とともに下がる自意識。
鏡を見て自意識を上げましょう！



ただ鏡を見るだけで自意識は上がる。自意識は、キレイの元。

# 181

女の子の
『もう、彼氏のスマホ見ない!』
と言うのと
『今度こそ本気で痩せる!』
と言う回数は同じくらい。



若かりし頃、そう、女友達はよく言っていました。ですが、40歳も過ぎると、まわりの女性たちは学んだのか、諦めたのか、これを言わなくなっております。人生には学びが大切です。そして時に、諦めも大切なようです……。

# 182

# ネガティブなぶんだけ
# ポジティブになれる!!
# 悩みの数だけ、キレイになれる。



ネガティブな気持ちや思考、そして悩み。すべてはプラスへ転化できると思います。ほんの少しの捉え方、考え方の方向性を変えてみる事が大切。丸い地球も離れて見ないと丸さが分からないように、モノゴトとの距離を変えてみるのもひとつの手。キレイへの悩みの場合、コンプレックスはキレイの種だと思います。負けない強い気持ちを持ってね!

# 183

サザエ
『私、ミランダ・カーになりたいの！』
マサル
『それは、かなり難しいですね。時間もお金もかかります』
サザエ
『でも、キレイになりたいの！』
マサル
『頑張れば、タイコさんくらいにはなれますよ』
そう、目指すところを
どこにするか！
これが大事。



女性がキレイになりたいと思った時、まずしなければいけない事は、目標を定める事。好きな女優さんやアーティストなどの有名人や、近所のお友達、職場の上司でも、誰でもかまいません。できれば顔の造りや、体型、雰囲気などどこか共通点がある人のほうがよいと思います。目指すところは、近すぎず！　遠すぎず！　です。

# 184

キレイになる時
大切なのは
努力する事！
**開き直り、言葉まで不細工にならない事。**
言葉が不細工になると
顔に出る。



「言葉が不細工」っていうのは、言葉選び、伝え方、話し方が美しくないという意味。同じ言葉でも、言い方次第でまったく別のものになります。話し方がちょっとゆっくりめで丁寧な人は、キレイな人に見えますよ。

# 185

# 女性が自分で気にしてる欠点と人から見た時の欠点は大概違う。



大概自分の事は見えていない。だから、客観的な視点は大事。人から指摘された事を素直に聞く気持ちもね。

# 186

「おばさんっ↘」

って声をかけられるか。

「あの、すみません↗」

って声をかけられるか。

年は美しくとりましょう。

ねっ……

あの、すみません↗。

［幸せとは］

# 187

夢は叶う。
願い！
言葉に出し！
行動する！
夢は、現実になる。
そのイメージ
イメージを具体的に！
唯一、夢から自分を遠ざけるのは
間違いなく
自分自身。
夢は叶う。

# 188

## 自分が嫌だなぁ……っと思う事をしないと人生は好転しないなぁ、と思う。



自分の価値観を超えないと、自分の生活や人生は変わらない。そのためには自分の価値観、見方を変える。嫌だなと思う事に対する価値観も変えて、率先してやってみよう。

# 189

綺麗は、諦めると……家出します。
可愛いも、諦めると……家出します。
家出して、不良になって帰ってきます。
気をつけて!!

# 190

今夜は、念力習字しなきゃ。
毎年、誕生日のカウントダウンは
一年の目標をひたすら書く。
夢は、叶うから。



暗い部屋の中で、より集中するためにロウソクを灯して、カウントダウン5分前から、新しい年で自分がやりたい事、叶えたい事を紙に筆ペンで書き出していきます。もう何年も前から続けているけど、書いた夢はすべて叶っている。僕にとって、夢は計画。どうにかしてその計画を叶えるために努力をするし、それは必ず叶うものなんです。

# 191

# 新月、満月と同じくらい低気圧が嫌い。



月の満ち欠け、気圧を意識しながら生活すると、自分の体調管理がスムーズになると思います。今日はやばいかもっていう時に、水を飲むとか、体を温めるとか、呼吸を整えるとか、重要な打ち合わせは入れないとか、対処法がわかるし、気分の転換もしやすくなるから。

月齢と潮汐情報を届けてくれるアプリ「月と潮のこよみ」。新月と満月の情報を通知してくれる設定機能もあり、心身の調整にお役立ち。

# 192

## 完璧主義の人は、七分目主義に、変えたらいいかも。



僕は完璧主義なんだけど、七分目主義にしたほうがいろんな事がスムーズにいきやすいのかも……という、自分へのつぶやきでした。何事も完璧を相手に求めると惨事が待っている。自分の中に3割余白を残しておくとスムーズなのかもしれない。

# 193

## 引き寄せたい時に
## いちばん大切なのは
## 引き離し！



何かを引き寄せたい！と思う時に大切な事は、身辺整理をする事です。新たな何かを引き寄せたいのであれば、身の回りのさまざまな事から自分自身を引き離す事。対人関係。環境。物事すべてにおいて言える事。

# 194

素直でないと、綺麗にはなれない。
素直がないと、綺麗は生まれない。
素直でいると、綺麗が寄ってくる。
素直。
貴女の心に届くもの。

# 195

あなたがキレイになる時
大切な事は、
素直な気持ち。
そして、
耳の痛い
真実の指摘。



真実を指摘してくれる人ほど、素晴らしい人はいないと思う。年を取るにつれて、そういう人の存在が貴重になります。若い時には気づかない事。

# 196

## 小学生の時に教えてもらった、「為せば成る、為さねば成らぬ何事も」は常に頭にある。



この後も言葉は続くけど、すべてはこの一文に集約されていると思います。

# 197

幸せが続くと、幸せを見失う
だから人生には
幸せでない事が起こる。
幸せに思う気持ちを大切に。



僕は、嫌な事とか悲しい事とかトラブルの中にある時ほどおいしいなと思うんです。すごく悲しいし、落ち込むけど、またここに学びがあるなって思うから。トラブルの中に学びがあると考えれば、トラブルも悲しみも乗り越えられます。プラス思考とは、そういうものだと思う。

# 198

「でも……」
「でも、私は〜……」

「でも」
が多い人より
「はい」
が多い人のほうが、
よりキレイに近いと思う。

# 199

鏡を見て、
自分自身をまっすぐ見つめる。
自分を知り、
自分の奥底に問いかけてください。
そして、自分の地図を心に描いてください。
地図がないから迷うのです。

右・人生や仕事、人間関係など、より良い方向へ導くための特別なメッセージを与えてくれるカード。進むべき方向に迷っている時に。ドリーン・バーチューのオラクルカードシリーズより、女神のガイダンスオラクルカード　左・自分を信じて行動する勇気と自信をくれる。それぞれのカードに祈りの言葉が記されているのも特徴。大天使ミカエル オラクルカード 各¥3000 ／ライトワークス

# 200

人を信じる事は大切。
だけど、
自分を守る、
自分の心には鎧をつけていたほうがよい。
全身全霊とは無防備という意味ではないよね。



この時、僕は傷ついていたんだと思います（笑）。ただ、真意でもあります。若い時って、人を信じる、好きになるという事が全身全霊で相手と向き合って支えることだと思いがち。自分をさらけだす事がすべてではないし、その相手に対して、素直でポジティブであればいいっていう「善意」だけではないと思う。人と向き合うって事は、その人に気持ちを持って接する事。それで十分なんです。

# 201

まずは、自分の幸せを。
あなたが幸せになる事で
まわりも幸せになる。
幸せは連鎖するから。

# 202

幸せは
人と比べるものではない。
自分の中に芽生えるもの。



すなわち、自分の価値観で生きる、という事。

# さいごに

僕は、「頭の中で思いついた事や、ひらめいた事は必ず実現する」と思っています。それがたとえ、自分的にハードルが高いと感じる事であったとしても。まずは頭の中に地図を描き、そして、その目標となるゴールを意識しながらひたすら行動する。そう、何事も自分を信じて発言し、行動すれば道が開けると信じています。

思えばそういう思考になったのは、幼稚園の頃からの家庭環境にあったように思います。僕の家は両親が共働きでとても忙しくしていたので、家事などは兄弟3人で分担していました。なので、事あるごとに3人で話し合うのが日常でした。また、習い事に関しても独特で、自ら親にプレゼンをし、親のOKが出ればそれに通えるという環境でした。例えば、タップダンスを習いたいとか、フルートを習いたい、など（ちなみにこの2つは見事に却下されました）。お教室の場所、月謝、そして、どうして習いたいのかを両親にプレゼンしないといけないのです。たくさんの習い事を却下されましたが、今思うと、小学校低学年の僕が市役所などに行っていろいろと調べたり、お友達のお母さんに聞いたり、といった環境を与えてくれた両親に感謝しています。

現在、39歳の僕のスタイルは幼いあの時と同じ。常に考える日々です。どのようにしたら思いを形にできるのか。僕の趣味は〝考える事〟なのかもしれません。

そんな僕が鬱になってしまったのが31歳の頃。この経験は僕の人生において、凄まじい変化をもたらしました。投薬治療を止めて4年、元気になった今だから思う事。毎日毎日、雨の中を濡れた地面に這いつくばり、地面奥底のドロドロの砂利を食べるような日々を経て感じた事。それは前向きに生きる事、感謝する事。そして、誰かのために生きるという事です。

Ｔｗｉｔｔｅｒを始めた頃、僕は、人生に対して悶々とした毎日を送っていました。そう、悶々と。それは常に自分を誰かと比較しながら生きていたからです。そんな日々の中で、何気なく始めたのがＴｗｉｔｔｅｒでの美容相談ツイートでした。フォロワーさんから美容に関する質問や悩みを受け付け、すべてに答えていくというもの。その頃のフォロワーさんの数が数百人だったのでできた事でしたが、たくさんの方からいろいろな質問をいただき、それに対して簡潔に答えを返していく中で芽生えた事があります。それは、僕が発信することで肩の荷がおりたり、スッキリしたりする人がいるという事への達成感でした。そう、瞬間的にでも誰かに必要とされていると認識した時に、生きるエネルギーが再燃したのです。

自分にしかできない事。オリジナリティーのある活動。Ｔｗｉｔｔｅｒを通して、感じた事や学んだ事がたくさんありましたが、今、このように皆さんと繋がっている事を含め、すべてに意味があるという事も学びました。

人生にはさまざまな困難があります。その困難の中に意味を見いだす事こそ前向きに生きるという事なのかもしれません。思考の嗜好は年齢や経験の中で移りゆくものですが、自分の課題と向かい合い、成長できる日々は美しいと思います。たくさんの悩みは、美しい花の蕾。蕾に気づいて成長させる過程は苦しくても、きっと花は開く。そう信じています。

この本の何気ない言葉の奥行きが、皆さんにとって、何か少しでも光となれば幸せです。

濱田マサル

〝美しい存在として生きる事〟

僕の人生のテーマであり

日々の心がけ

美しく生きるという事は

美しい存在になるという事でもあり

健やかな環境が自然と整うひとつのきっかけでもあります。

美しさはさまざまなプラスのエネルギーをあなたにもたらします。

皆さんに、美しい日々がもっと訪れますように。

information

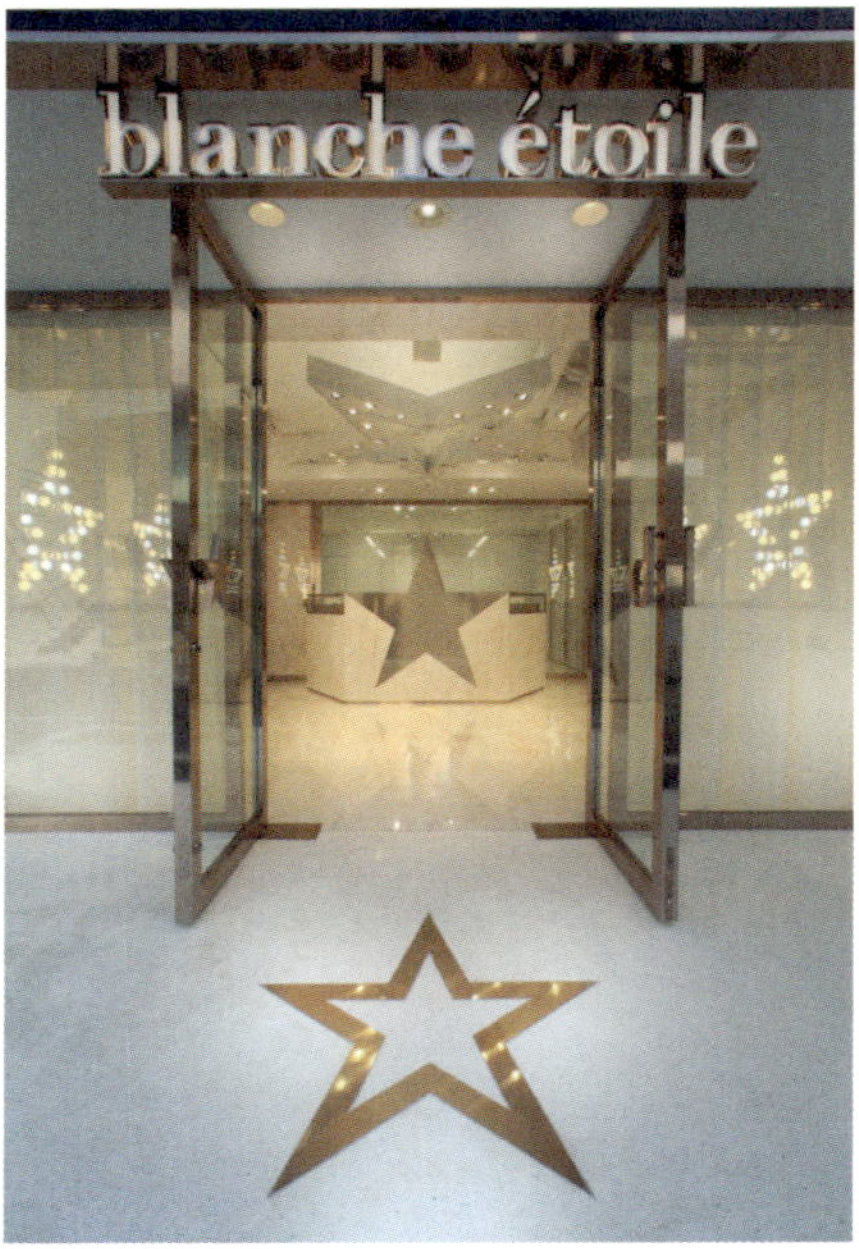




ブランエトワール

〈オンラインショップ〉
store.blanche-etoile.com/

## blanche étoile 心斎橋

大阪府大阪市中央区西心斎橋1丁目10-7 御香堂ビル4階 TEL 06-6245-3309
営業時間 平日12〜20時　土日祝日11〜19時

地元大阪での居場所、アトリエのような感覚でスタートした、記念すべき1号店。
階段を登りつめた先に広がる、聖なる光に溢れた"大阪のキレイのメッカ"。

## blanche étoile 表参道

東京都渋谷区神宮前4丁目9-7 ギャザリングコート1階 TEL 03-6447-4773
営業時間 平日12〜20時　土日祝日11〜19時

眩い星のモチーフが迎えてくれる、都会っぽい空気感に包まれた表参道店は、メイクをより楽しむ空間。キレイへの気合が入り、訪れるだけで女が磨かれるような美の聖域。



## blanche étoile 栄
（2015年9月16日オープン予定）

愛知県名古屋市中区栄3-7-4 ヒノデ写真館ビル1F

美意識の高い女性が多く、独特の美容文化のある名古屋でも受け入れてほしい、
という思いを込めて。これまでとはまた異なる空間をオープン。

協力店リスト

青山食品サービス　0120-761-768
アヴェダ　☎ 03-5251-3541
アヴェニュー表参道クリニック　0120-365-558
アディクション ビューティ　0120-586-683
アメニティコーポレーション　0120-731-033
アラミック　☎ 072-728-5150
RMK Division　0120-988-271
アルビオン　0120-114-225
イヴ・サンローラン・ボーテ　☎ 03-6911-8563
ウエルテック　0120-178-049
ウォブクリニック中目黒　0120-411-281
エスティ ローダー　☎ 03-5251-3386
エレガンス コスメティックス　0120-766-995
カネボウ化粧品　0120-518-520
かねろく製薬　☎ 03-3725-4040
カバーマーク　0120-117-133
キャシーズチョイス　0120-410-719
クラランス　☎ 03-3470-8545
黒ばら本舗　☎ 03-3625-0040
ゲラン　0120-140-677
コスメデコルテ　0120-763-325
再春館製薬所　0120-305-305
サンバリア100　www.uv100.jp
シービック　☎ 03-5414-0841
ジェイ・シー・ビー・ジャポン　☎ 03-5786-2171
ジョーマローン ロンドン　☎ 03-5251-3541
ジョジアンヌ ロール　0120-306-033
シスレージャパン　☎ 03-5771-6217
資生堂　0120-304-710
資生堂インターナショナル　0120-814-710
スム　0120-389-720

THREE　0120-898-003

タカミ　0120-291-714

ツイギー　☎ 03-6434-0518

ドゥ・ラ・メール　☎ 03-5251-3541

ドクタープロダクツ　0120-109-996

トム フォード ビューティ　☎ 03-5251-3541

トレジャーJP　0120-376-401

ナーズ ジャパン　0120-356-686

ナカトミ　☎ 026-245-3105

ナンダモプレミアム　0120-922-795

ぬちまーす　0120-701-275

パルファン・クリスチャン・ディオール　☎ 03-3239-0618

パントロン・ワン　0120-210-664

ファンケル　0120-352-222

フェリーチェ トワコ コスメ　0120-35-1085

福美人　☎ 03-5428-4343

フジカ　0120-017-161

ふじ酵素玄米キッチン　☎ 0555-65-6372

ブランエトワール　☎ 03-6427-1354

ブルーベル・ジャパン　☎ 03-5413-1070

ポーラ　0120-117-111

ボビィ ブラウン　☎ 03-5251-3485

M・A・C　☎ 03-5251-3541

マックス ファクター　☎ 0120-021-325

持田ヘルスケア　0120-015-050

ユーロジャパンエレガンス　☎ 03-3463-6326

ヨンカ　☎ 03-6447-1187

ライトワークス　☎ 03-5437-0862

ラ・プレリー　0120-223-887

ルラボ ジャパン　www.lelabofragrances.jp/

ロゴナジャパン　☎ 03-3288-3122

濱田マサル　Masaru Hamada
ヘアメイクアップアーティスト。女性誌やCMを中心に活動。常に時代の一歩先をリードするアーティストの一人。自身のコスメブランド《blanche étoile》では、ヒット商品を次々と世に送り出している。著書には『恋するメイク』『美容事典』（いずれも講談社刊）がある。
https://twitter.com/hamadamasaru
store.blanche-etoile.com/

構成……橋本日登美
イラスト……鈴木順幸
撮影……嶋田礼奈（講談社写真部）
ブックデザイン……田中久子

「読《よ》む」美《び》容《よう》事《じ》典《てん》

2015年8月26日　第1刷発行
2015年9月15日　第3刷発行

著　者　濱田《はまだ》マサル


発行者　鈴木 哲
発行所　株式会社 講談社
〒112-8001　東京都文京区音羽2-12-21
編集　☎03-5395-3529
販売　☎03-5395-3606
業務　☎03-5395-3615

印刷所　大日本印刷株式会社
製本所　株式会社国宝社



ISBN978-4-06-219671-0